ALBERT MAUMENÉ

L'Art du Fleuriste

LIBRAIRIE HORTICOLE DU « JARDIN »

BIBLIOTHÈQUE DU "JARDIN"

PUBLIÉE SOUS LA DIRECTION DE

H. MARTINET

Architecte-Paysagiste,
Professeur à l'École nationale d'Horticulture de Versailles,
Directeur-Propriétaire du *Jardin* et du *Petit Jardin illustré*,
Secrétaire de la Société nationale d'Horticulture de France,
Chevalier du Mérite Agricole,
Officier d'Académie, etc.

IMPRIMERIE DE SAINT—DENIS. — H. BOUILLANT, 20, RUE DE PARIS.

LES FLEURS DANS LA VIE

L'ART
du Fleuriste

GUIDE GÉNÉRAL

DE L'UTILISATION DES PLANTES ET DES FLEURS
DANS L'ORNEMENTATION DES APPARTEMENTS,
DU MONTAGE DES FLEURS ET DE LA COMPOSITION
DES BOUQUETS, DES CORBEILLES ET DES COURONNES

PAR

ALBERT MAUMENÉ

Diplômé de l'École municipale d'Arboriculture de Paris,
Lauréat des Cours d'horticulture et Boursier du département de la Seine,
Rédacteur aux journaux *Le Jardin* et *Le Petit Jardin illustré*

OUVRAGE ORNÉ DE 83 FIGURES

PARIS

LIBRAIRIE HORTICOLE « DU JARDIN »
167, BOULEVARD SAINT-GERMAIN, 167

1897

A MA MÈRE

MADAME VEUVE MAUMENÉ

ET A MA SŒUR

MADEMOISELLE MARIE MAUMENÉ

———

En vous consacrant la première page de l'Art du Fleuriste, j'évoque le souvenir de ces longues soirées d'hiver, qu'il y a quelque neuf ans, nous employions tous trois à la confection de bouquets, que toi, Marie, tu composais déjà de tes mains agiles, avec l'aisance et le goût qui sont le privilége des dames dans cet art si éminemment français, si parisien surtout.

De ces moments, déjà lointains, j'ai gardé des impressions inoubliables. Et je me prends à regretter ces heures si douces de la vie intime en famille, trop tôt passées et que j'ai de nouveau vécues en élaborant ce travail.

C'est aussi pour moi un devoir bien doux à remplir, ma mère, à qui je dois tant, de mettre ton nom en tête de ce livre. Je désire qu'il soit digne de t'être offert en témoignage de ma reconnaissance et de mon admiration filiale.

ALBERT MAUMENÉ.

INTRODUCTION

LES FLEURS DANS LA VIE

Partout les fleurs sont aimées ; elles sont le luxe et la passion de nos jours ; à tous les degrés de l'échelle sociale, elles sont pour nous une distraction, qui nous repose d'une vie matérielle et surmenée par les travaux manuels et intellectuels. Ce luxe innocent ne doit pas sa naissance, comme tant d'autres, à nos caprices ; c'est la nature qui nous l'enseigne et elle a dépassé, dans ce genre, l'essor le plus hardi de notre imagination.

Dans peu de villes au monde, les fleurs sont aussi choyées qu'à Paris et, chaque matin, cette grande cité se réveille fleurie. L'ouvrier et le bourgeois que leurs travaux tiennent enfermés dans cette grande ville, se plaisent à contempler et à cultiver quelques plantes. La mondaine, la maîtresse de maison et la modeste ouvrière les soignent avec une égale sollicitude et en ornent le moindre coin de leurs appartements. On trouve chez elles tous les intermédiaires, depuis la merveilleuse gerbe d'Orchidées jusqu'au simple bouquet de fleurs des champs.

« Il lui en faut peu, au Parisien, pour avoir la sensation de la campagne, et l'odeur de la fleur et l'ombre de l'amour ! Dans un vase de verre, une branchette de ces lilas qui vont fleurir ou, sur la cheminée, une brassée d'aubépine qu'on ira casser à travers les haies ces prochains dimanches et voilà l'Éden idéal réalisé. C'est l'illusion de la campagne et c'est le spectre du printemps, mais cela suffit[1]. »

Un salon sans fleurs nous paraîtrait nu ; les fleurs en sont le complément indispensable, complément vivant et naturel !

Dès notre naissance, les fleurs nous accompagnent ; elles sont avec nous aux moments de joie comme aux époques de tristesse. Nous les offrons, rassemblées en gerbe, à un ami le jour de sa fête, pour lui exprimer nos plus doux sentiments, à notre fiancée comme gracieuses messagères qui partent vers elle, timides et discrètes, en un bouquet blanc. Elles couronnent la mariée de leur immaculée blancheur, comme elles ornent la boutonnière de nos invités, les jours d'allégresse. Elles parent le corsage du « trottin » chez qui

[1] Jules Claretie.

elles évoquent des rêveries champêtres. Les femmes les adorent pour leur fraîcheur et leur charme indolent et cherchent, sur leurs pétales, le souvenir des jours heureux, comme elles devinent, sur la corolle du symbolique myosotis, cette phrase qui s'adresse à tous : Ne m'oubliez pas !...

Et hélas ! lorsque nous avons eu la douleur cruelle de perdre quelqu'un des nôtres, les fleurs sont encore là : immortelles, violettes et pensées, tressées en couronnes ou réunies en gerbes, pour exprimer notre dernier adieu et témoigner notre sincère amitié, en accompagnant jusqu'à la tombe celui que nous pleurons...

Puisque les fleurs sont nos compagnes fidèles, nos amies charmantes et appréciées, dans toutes les phases de notre existence, il est intéressant de connaître leur provenance, leur mode d'emploi, leur destination et les usages auxquels elles avaient été affectées jusqu'à ce jour ; comment, pour le plaisir de tous, ces hécatombes parfumées se répandent du centre à la banlieue même de Paris, et, enfin, quel rôle joue la fleur dans la vie, — dans la vie parisienne principalement...

Pour cela, il nous faudra visiter les Halles où, chaque matin, des moissons de fleurs s'amoncellent, les marchés aux fleurs qui se tiennent, à jours fixes, dans certains quartiers, admirer les merveilles florales qui sortent des mains de nos fleuristes parisiennes, les combinaisons artistiques de fleurs et de feuillages auxquelles elles se prêtent, formant — le mot est vrai — l'art de la fleur naturelle. Je n'oublierai pas non plus les bouquetières qui colportent, jusque dans les quartiers les plus reculés, les fleurs populaires, à bon marché.

L'absence complète d'ouvrages sur cette question m'a engagé à réunir les notes prises sur le vif et les connaissances que je possédais sur ce sujet. D'autre part, les renseignements inédits qui m'ont été fournis par deux des plus grands fleuristes parisiens m'ont été utiles pour l'élaboration de ce travail, que je ne prétends cependant pas être un traité purement didactique consacré au travail des fleurs.

Je dois remercier M. H. Martinet pour ses conseils et pour le soin qu'il a apporté dans l'illustration de ce livre. La plupart des gravures sont originales et ont été dessinées d'après nature, photographies ou croquis, sur mes indications, par un habile dessinateur, M. Baladiez; d'autres sont extraites du journal *Le Jardin*; d'autres enfin nous ont été prêtées par MM. Tissot, Cayeux et Le Clerc, de Paris, et Molin, de Lyon.

Cette entreprise semblerait bien osée si je ne désirais, avant tout, renseigner les lecteurs de ce livre et si je ne comptais sur leur bienveillante indulgence

pour les omissions qui pourraient y être remar-
quées.

Les dames aiment généralement les fleurs et ont
des aptitudes innées pour les grouper avec art et en
faire ressortir la beauté. Je me suis donc attaché tout
spécialement à traiter les questions qui intéressent
les maîtresses de maison.

J'espère, en retour, que vous voudrez bien, mes-
dames, prendre ce modeste ouvrage sous votre protection. Grâce à votre précieux concours, il se ré-
pandra dans les milieux où l'on a le culte du beau, et
peut-être contribuera-t-il ainsi à faire aimer davantage les fleurs et à généraliser plus encore leur emploi.

Je me considérerai comme largement récompensé
si ce but est atteint.

Albert MAUMENÉ.

Paris, mars 1897.

Fig. 1. — CONCOURS DE BOUQUETS A L'EXPOSITION HORTICOLE DE CANNES EN 1897

L'ART DU FLEURISTE

CHAPITRE PREMIER

LES FLEURS CHEZ LES PEUPLES A TRAVERS LES AGES

Chez les Grecs. — Chez les Romains. — Chez les Égyptiens. — Chez les Gaulois. — Chez les Francs. — Au moyen âge. — Les bouquetières – chapelières en fleurs. — Au XVIIIᵉ et au XIXᵉ siècle. — La mode et le luxe des fleurs. — Les fleurs emblèmes politiques et nationaux.

Il m'a semblé que ce livre serait incomplet, s'il ne comprenait un examen du rôle qu'ont joué les fleurs, dans l'ornementation, chez les différents peuples qui nous ont précédés. Le chapitre qui envisagera ce sujet, rapidement et succinctement, n'est pas, cela va de soi, un travail d'imagination ou un tissu de notes inédites. Il n'est que la réunion de documents glanés un peu partout et publiés dans d'anciennes revues, dans des recueils et des dictionnaires relatifs à l'histoire de certains peuples; tous documents dont il n'est pas fait mention dans les publications horticoles où il serait fort difficile de trouver des notes historiques sur la question qui nous intéresse [1].

Dans cet aperçu, qui est, en quelque sorte, l'historique de cette ornementation, je suis remonté aussi loin que me l'ont permis les ouvrages et documents que j'ai pu consulter. On pourra ainsi se rendre compte du rôle qu'ont joué les fleurs avant nos jours et du rôle qu'elles jouent maintenant, et faire la comparaison. Dans l'avenir, il n'y aura plus d'histoire aussi peu connue. Avec les rédacteurs des feuilles horticoles actuelles qui chroniquent hebdomadairement et bi-mensuellement, l'inédit, dans beaucoup de livres de ce genre, sera improbable, dans bien des cas, et les recherches moins laborieuses. Ceci dit, j'aborde mon sujet.

Les fleurs ont charmé toutes les nations de la terre à différentes époques. Le laborieux Chinois et l'économe Hollandais oublient leurs spéculations pour se consacrer l'un à ses Rosiers, l'autre à ses Tulipes. L'habitant de l'Hindoustan laisse l'éclatant nénuphar se pencher sur son visage olivâtre ; la noire beauté du Congo enlace son front d'ébène de tubéreuses plus blanches que la neige ; et l'orgueilleuse Espagnole de Lima regarderait comme incomplète la gothique richesse de son costume, sans le bouquet de fleurs odorantes.

[1] Cependant M. G. Gibault a publié, en 1896 (*Journal de la Société nationale d'horticulture de France*), l'histoire de la corporation des jardiniers de Paris, étude très intéressante, et, la même année (*Revue horticole*), une notice sur les couronnes et chapeaux de fleurs. Dans son *Dictionnaire de la Rose*, M. Abel Belmont cite, à plusieurs reprises, l'usage que l'on faisait des roses à différentes époques. Ce dernier ouvrage, dont on trouvera quelques extraits dans ce chapitre, est le résultat de laborieuses et minutieuses recherches.

Plus les nations ont été sensibles au beau idéal et plus elles ont été raffinées dans le goût des fleurs. Les Grecs et les Romains mêlaient ces brillantes productions de la nature à toutes les fêtes de leur culte religieux, à toutes les cérémonies politiques et à toutes les réjouissauces particulières et populaires[1]. Une couronne de fleurs, dit Athénée, est messagère d'heureux augure ; les fleurs sont une parure qui vous aident à plaire aux dieux.

L'usage d'entourer la tête, le cou et même la poitrine de guirlandes de roses, pendant les derniers actes d'un festin joyeux, chez les Grecs, nous est appris par les odes d'Horace et d'Anacréon[2]. On poussa très loin ce luxe. A Baïes, lorsqu'on donnait des fêtes sur l'eau, tout le lac Lucrin paraissait inondé de roses[3]. Des serres chaudes permettaient aux lis et aux roses d'éclore au mois de décembre. Les Romains étaient tellement habiles dans ces cultures que, lorsque, sous Domitien (81 à 96 ap. J. C.), les Égyptiens crurent avoir offert à la cour un magnifique présent, en envoyant des roses au milieu de l'hiver, pour la fête de l'Empereur, cet envoi n'excita que le rire, tant les roses étaient abondantes à Rome. « Dans toutes les rues, on respire les odeurs du printemps; on voit briller l'éclat des fleurs fraîchement cousues en guirlandes. Envoyez-nous du blé, Égyptiens, nous vous enverrons des roses[4]. » Les Romains cultivaient déjà à cette époque des fleurs sur leurs terrasses.

Les médecins, les naturalistes, écrivaient des traités

[1] Malte-Brun. — *Les Spectateurs ou variétés historiques*, tome II.
[2] *Scholiast Apollon*, II, vol. 15, pag. 157, 1641.
[3] Sen., *épist.* 51.
[4] Martial, VI, *Epig.* 80.

pour déterminer quelles espèces de fleurs il convenait
d'admettre dans les couronnes de festin, pour ne pas nuire
à la santé[1]. Le Laurier, cher au dieu de la poésie, était
censé garantir de la foudre les têtes qui en étaient ornées.

Les couronnes de fleurs furent en honneur chez les anciens et les premières furent consacrées aux dieux. La vive
imagination des peuples de l'antiquité, divinisant ce qui
la frappait par les traits d'une supériorité quelconque,
avait multiplié d'une incroyable façon les diverses espèces
de couronnes. La vieillesse et l'enfance, les grâces de la
beauté comme la majesté virile avaient les leurs. Il y en
avait à toutes les époques intéressantes, dans tous les actes
importants de la vie; la mort même avait les siennes.

« L'usage le plus touchant, nous dit P. Morestelli, et qui
s'est perpétué jusqu'à nous, auquel on ait consacré les
fleurs, c'est d'en orner les tombeaux. » Les Grecs préfé-
raient l'amarante et le myrte; les Romains, le lis, le safran,
la rose, l'asphodèle et le buis [2].

Ce furent principalement les Grecs, les Égyptiens et les
Romains, parmi les peuples de l'antiquité, qui eurent le
plus l'amour des fleurs. Je vais m'occuper de chaque peuple en particulier.

Lycurgue (ixe s. av. J. C.) proscrivit à Sparte toute espèce
de luxe dans les magnificences accoutumées des funérailles, mais il permit cependant de couvrir les morts de
pourpre et de les couronner d'olivier, emblème de paix, de
paix éternelle !

Cette pieuse coutume était principalement en vigueur à
Athènes. Les amis jetaient sur le défunt une multitude de

1 Pline, XXI.
2 *De l'excellence des couronnes civiques.*

couronnes. Ces couronnes étaient composées de feuillage et de fleurs : chêne, olivier, laurier, myrte, roses, lis, violettes, jacinthes.

La lyre d'Apollon était ornée de fleurs, et les jeunes filles, dès la plus haute antiquité, avaient les cheveux noués et surmontés d'une couronne de fleurs aux approches du mariage. En allant à l'autel, l'époux et l'épouse étaient couronnés de fleurs ; le peuple leur en jetait sur leur passage ; la maison était enguirlandée de roses, de pavots et de violettes et le lit nuptial en était couvert. La couronne de la nouvelle mariée, chez les Grecs, était faite de rameaux d'Asperge.

Les Athéniens étaient ceints de fleurs dans les fêtes Panathénées ; les prêtres, les sacrificateurs et les victimes, en avaient également le front orné.

Dans cette prodigalité de couronnes, il y en avait aussi pour les choses inanimées ; on couronnait la poupe des vaisseaux vainqueurs, les statues des dieux, les vases pour les sacrifices, le faîte des temples à l'intérieur desquels on suspendait des guirlandes fleuries.

On conçoit que, dans un tel milieu, le talent de confectionner les couronnes devait avoir sa part d'estime et constituer une profession particulière. « A l'origine, chacun se tressait la sienne, assemblant les fleurs avec autant de confusion qu'une prairie émaillée peut en offrir aux yeux, Mais on était déjà bien loin de cette simplicité lorsque la bouquetière Glycère vendait les siennes au prix d'or aux élégants d'Athènes[1]. » Une couronne de fleurs artistement travaillée était d'un grand prix malgré sa fragilité et sa

---

[1] *De l'usage des couronnes chez les anciens*. Paris, 1823.

courte durée. Ce fut une fonction à peu près exclusivement attribuée aux femmes que de tresser et de vendre des couronnes de fleurs. Parmi les fleurs les plus estimées qui entraient dans la composition des couronnes, la violette tenait le premier rang; elle n'a rien perdu de cette réputation dont elle jouissait dans l'antiquité; elle est aussi chérie à Paris qu'elle le fut à Athènes et à Rome. Cependant les roses étaient les plus employées, car on pouvait mieux se les procurer en toute saison et ce sont elles qui, généralement, couronnaient les convives et ornaient les salles et les lits des festins. Solon (440-559 av. J. C.) variait les récompenses qu'obtenaient les vainqueurs dans les cirques : « dans les jeux olympiques, une couronne de feuilles d'olivier; dans les jeux isthmiques, des rameaux de pin et dans les jeux pythiques, des feuilles de laurier. »

Cette coutume de la vie antique se perpétua en Grèce bien longtemps après J. C.; l'usage des fleurs fut le même, ce qui me dispense d'en parler plus longuement.

Les Romains avaient emprunté aux Grecs leurs coutumes, comme ils avaient adopté le genre de vie orientale. « Les guerriers avaient le privilège d'emporter en mourant une couronne de laurier. Dans l'ivresse des joyeux banquets, les convives se paraient de couronnes odorantes tressées des fleurs les plus suaves et les plus fraîches; ils en ornaient également leurs coupes. » On dédiait des couronnes aux dieux; on se présentait avec des couronnes dans les temples lorsqu'on voulait offrir un sacrifice. Les pontifes et les ministres des autels étaient ordinairement couronnés. Chaque sorte de couronne était appropriée à une destination distincte et avait une signification propre. Leur usage, expression de la joie dans les circonstances heureuses de la vie privée, était surtout consacré dans les occasions solennelles où de grands événements venaient garantir la fortune de la patrie et étendre sa gloire. Lorsque Scipion prit Numance, le Sénat et le peuple entier, chargés de fleurs et de couronnes, coururent dans les temples rendre grâce aux dieux. « A Rome, dit Abel Belmont, on offrait des couronnes de roses comme aujourd'hui on offre des bouquets. »

On jonchait de fleurs les lits, les salles de festin et toutes les pièces habitées. L'époux était couronné de fleurs et le lit nuptial disparaissait sous les roses, les violettes et les lis.

On comprend facilement que la recherche des fleurs les plus belles par les élégants d'Athènes et de Rome les fit vendre au prix de l'or; ce fut l'une des causes qui créèrent la culture artificielle sous verre et déterminèrent la naissance du luxe des fleurs.

Plus tard, les nations alliées de Rome ou soumises par elle adoptèrent l'ensemble de ses coutumes, par conséquent l'usage des fleurs, et cette mode se propagea rapidement chez les peuplades voisines.

L'Égypte ancienne eut également le culte des morts et, aujourd'hui, on voit encore au Musée du Caire, des fragments de couronnes funéraires en fleurs naturelles, trouvées, sans aucun doute, dans d'anciens sarcophages. Ces débris sont suffisamment conservés pour qu'on puisse reconnaître certaines plantes alors en honneur. Quand Agésilas (399-361 av. J.-C.) visita l'Égypte, le roi lui fit présent de guirlandes tressées de rameaux de *Cyperus Papyrus* et de fleurs de *Lotus*. Dans les mariages de l'époque pharaonique, l'époux lui-même portait une couronne de myrte ou d'olivier et de roses, toutes fleurs consacrées à Vénus.

Les peuples contemporains des Grecs, Romains et Égyptiens firent le même usage des fleurs. Cette coutume païenne se perpétua chez les Gaulois, les Francs et les chrétiens.

Les Gaulois, malgré leurs mœurs et leurs allures guerrières, ne firent pas fi des fleurs; celles-ci faisaient partie des festins. Les Druides, eux-mêmes, se ceignaient de fleurs. Anatole France rapporte, d'après Elien, que les Gaulois remplaçaient le casque par une couronne de roses, le jour des batailles, pour montrer que leur bravoure se moquait de la mort.

Les Francs, eux-mêmes, associaient les fleurs aux repas; ils en recouvraient les tables et les lits, tressaient des guirlandes de laurier, de lierre et de fleurs qu'ils suspendaient aux murailles et se couronnaient de fleurs.

Plus tard, nous dit Abel Belmont[1], les Français continuèrent à s'environner à table de fleurs et de verdure. Ils avaient le front ceint d'une couronne, les pieds sur une jonchée de jonc, d'herbe fraîche et de glaïeuls. Quelquefois ausssi, ils disposaient des guirlandes sur les canthares, autour des cheminées, le long des murailles; c'est ce qui explique pourquoi, parmi les redevances féodales, on trouve des boisseaux de roses pour rehausser les hanaps et décorer les lambris.

Après l'an mille, époque de terreur, où il y avait eu un relâchement chez le peuple, les fleurs réapparurent, plus brillantes que jamais. Ce fut la mode des coiffures de

---

[1] *Dictionnaire de la Rose.*

fleurs naturelles, dont la naissance date du xie siècle et qui passa dans le courant du xviie siècle. Les coiffures de fleurs, pendant cette période, firent partie de toutes les circonstances de la vie privée et de la vie religieuse ; on n'eût pas suivi une procession sans être coiffé du « chapel » ou du « chaperon » de fleurs. Du reste, dans certaines provinces de France, on a conservé ce nom de chaperon pour désigner les couronnes des mariées. Ces chapels, chape-

Fig. 1 *bis*. — UNE FLEURISTE EN 1830.

rons, chapiau et autres qualificatifs usités alors, n'étaient que des dérivatifs des couronnes des anciens, mais transformés un peu. Pline nommait déjà ces couronnes des chapeaux. Marchangy dit que saint Louis faisait porter un chapeau de fleurs aux princesses en souvenir de la couronne d'épines du Sauveur.

Dans certains dîners, les invités venaient la tête ornée de fleurs. Les personnes de marque étaient servies à table par leurs sujets couronnés de fleurs ; les fleurs, en ce temps, marquaient déjà de la déférence. Comme on se coiffait de fleurs en tous temps, celles-ci variaient donc avec les saisons.

Les mariées portaient des chapeaux de fleurs que la plupart tressaient elles-mêmes. Parfois le chapeau de la mariée constituait uniquement sa dot; mais il est très probable que les coureurs de dots étaient moins fréquents dans ce temps qu'à présent. Du reste, quelques vestiges de cette coutume ont été conservés dans certaines parties des anciennes provinces françaises.

Comme dans les jeux olympiques d'Athènes, les chapeaux de roses et d'autres fleurs récompensaient les gagnants dans les joutes populaires. Les dames adoptèrent aussi les guirlandes auxquelles elles faisaient suivre les sinuosités de leurs robes. Les bergers de Watteau ornaient de guirlandes fleuries les chaumières de leurs bergères.

Aux XIIIe et XIVe siècles, pour honorer un hôte et marquer sa visite d'une attention délicate, on répandait des fleurs et des feuillages sur le sol pour remplacer les tapis. Les murs dépourvus de tapisseries étaient également dissimulés par des feuillages et des guirlandes fleuries.

Piganiol nous apprend que les ducs et pairs de France présentaient des roses aux membres du Parlement et devaient en joncher les chambres où ils se réunissaient. Les pairs offraient aussi des bouquets et des couronnes aux officiers présents. Ces membres, qui avaient leur fleuriste spécial, ayant nom « fleuriste de la cour », ne se rendaient jamais aux cérémonies sans être porteurs de bouquets et couronnés de fleurs! Félibien [1] narre, qu'en 1620, à une fête de la place de Grève, le prévôt présenta

[1] Félibien, *Histoire de Paris*, tom. V.

au roi Louis XIII une grande écharpe de giroflées et d'œillets, un chapeau de fleurs et un bouquet.

Cependant, vers la fin du xvie siècle, la mode des chapeaux de fleurs n'eut plus la même vogue. Ces coiffures fleuries tombèrent peu à peu en désuétude et les membres du parlement, obligés de quitter Paris, ne portèrent plus leurs chapeaux de fleurs.

Joret nous apprend qu'en Allemagne, dès le xe siècle, la mariée se rendait à l'église, couronnée de fleurs, mais que ces fleurs, emblème de la pureté, étaient enlevées dès qu'elle entrait dans la chambre nuptiale.

Pour la confection des chapeaux de fleurs, il devait nécessairement y avoir des spécialistes, quoique beaucoup de jeunes gens trouvassent agréable de tresser eux-mêmes ces couronnes. En effet, dès le xiie siècle, la corporation des chapeliers de fleurs fut créée. J'en dirai quelques mots puisque les bouquetières-chapelières en fleurs ont été l'embryon de nos grands fleuristes des boulevards.

Les maîtresses bouquetières-chapelières en fleurs et les maîtres chapeliers étaient exempts de bien des corvées, car le métier était renommé et ses membres jouissaient d'une certaine considération. Il leur était cependant défendu de faire des couronnes les jours de la fête-Dieu et de quelques autres fêtes. On ne permettait pas non plus de cueillir de fleurs le dimanche. De plus, ces bouquetières devaient « bailler un chapiau de roses » comme redevance à certaines époques et fêtes de l'année. Il ne leur était pas non plus permis de vendre n'importe quelles fleurs ; quelques-unes, par exemple, furent prohibées : tels les bleuets, acacia et fleurs salées.

Le texte des lois réglementant les corporations françaises (supprimées en 1673), nous apprend qu'aucune maîtresse bouquetière-chapelière en fleurs ne pouvait porter ce nom et avoir été reçue maîtresse qu'autant qu'elle pouvait elle-même confectionner les « chapels ». Un peu plus tard, les hommes furent éliminés de la corporation et se contentèrent de cultiver les fleurs que les femmes utilisaient. Le métier de bouquetière-chapelière devint libre lors de l'abolition des corporations et de la suppression des communautés, par un édit de 1776, et ne fut pas rétabli depuis.

Cependant, les bouquetières de profession eurent à lutter contre des femmes qui, indûment, vendaient des fleurs à la porte des églises et autres lieux publics. Les archers, chargés de la police des rues, empêchaient le stationnement des bouquetières non licenciées. Actuellement, les bouquetières des rues, à Paris, vendant leurs fleurs dans les petites voitures, ne peuvent exercer cette profession sans un permis de la préfecture de police. Elles ne doivent stationner que dans les endroits désignés. Partout ailleurs, elles doivent circuler continuellement. Les agents se chargent de faire exécuter ces prescriptions et saisissent les voitures et éventaires des bouquetières qu'ils prennent en défaut.

Je rappellerai aussi qu'à cette époque, les Parisiens, avides de fleurs et de verdure, en cultivaient déjà sur leurs fenêtres.

Cet emploi naïf des fleurs dans la coiffure ne devait avoir qu'un temps et cessa dans le courant du xiiie siècle pour céder la place aux coiffures qu'on orna de plumes, de rubans et de fleurs artificielles. Lors de la restauration du costume grec, sous le Directoire, on eût pu croire que

les dames allaient rendre à la couronne son antique suprématie, ou, tout au moins, adopter de nouveau
le chapeau de fleurs ; il n'en fut rien, car elles n'osèrent
pas le faire.

Mais, si les coiffures de fleurs proprement dites tombèrent en désuétude dans le courant du siècle dernier, on
n'élimina pas cependant tout à fait les fleurs. Elles firent
constamment leur apparition dans la parure, sous une
forme plus gracieuse et plus appropriée aux idées modernes : elles devinrent l'élément obligé et indispensable
des toilettes de bals et de fêtes. Elles parurent plus élégamment sur nos tables, ornèrent nos appartements et
apportèrent, aux « ordonnateurs » des fêtes du commencement de ce siècle, leur contingent de fraîcheur, les effets
de leurs couleurs, pour les contrastes que ces derniers
recherchaient.

M. le vicomte Héricart de Thury[1], dans un essai de
statistique florale, nous démontre, par des chiffres
qui sont éloquents, les sommes dépensées pendant huit
jours à Paris, pour l'ornementation des appartements lors
de fêtes privées et de bals ministériels. Il nous apprend
que, déjà, on fixait sur des arbustes verts non fleuris, des
fleurs de serres, (comme on le fait aujourd'hui avec les
fleurs de camélia). On ne s'en tenait pas seulement aux
fleurs. « C'est ainsi, dit-il, que, dans une brillante soirée
ministérielle de cet hiver, nous avons vu, autour d'un
somptueux buffet, une belle tenture de verdure composée
d'Alaternes, d'Aucubas, de Lauriers, etc., sur lesquels
étaient implantés avec art, des oranges, pommes d'api,

____

[1] *Huit soirées du mois de janvier 1836.*

épis de blé de Turquie et jusqu'à des coloquintes, dont l'ensemble et les contrastes variés produisaient réellement les plus beaux effets. »

Les bouquetières de Paris étaient déjà populaires en 1830, avec leur cri alors si connu des Parisiens : « Fleurissez-vous, madame ! Pour un sou embaumez-vous ! » On divisait déjà les bouquetières en quatre classes, dont l'une, « la marchande de fleurs qui se tient au comptoir de sa boutique » était, à cette époque, la fleuriste aristocratique de nos grands boulevards. Une de ces fleuristes acquit une renommée européenne : elle fournissait des fleurs à la cour de Russie, car on aimait déjà, à Saint-Pétersbourg, tout ce qui venait de France. La vogue était pour elle, et les femmes s'abordaient au spectacle en se demandant si leur bouquet venait de chez Mme Prévot[1].

Paul de Kock[2], parlant des fleuristes, dit : « Les nouvelles boutiques sont fort bien parées le jour et très brillantes le soir ; les bouquetières en boutique n'ont rien de commun avec ces marchandes qui se promènent dans les rues avec un éventaire ; la bouquetière de magasin est une demoiselle de comptoir, aussi bien coiffée qu'une modiste, aussi bien mise qu'une lingère et s'exprimant avec autant de goût qu'une parfumeuse. » Cela est bien vrai ; en est-il autrement de nos charmantes ouvrières fleuristes d'aujourd'hui ? Puis, plus loin, il ajoute : « Ce sont les petites-maîtresses, les artistes, les lions, les dandys qui absorbent une plus grande partie des bou-

---

[1] Mélanie Waldor. *Les Français peints par eux-mêmes*, t. III.
[2] Paul de Kock. *La grande ville*, 1844.

quets ; vous rencontrerez, chez la bouquetière, des jeunes gens fort élégants, des membres du Jockey-Club, puis, de ces dames toutes mignonnes. Mais, en général, les hommes achètent plus de bouquets que les dames, car celles-ci savent qu'on leur en offre. » Puis il poursuit : « C'est avec les bouquets que l'on témoigne à une actrice, à une danseuse, tout le plaisir que fait éprouver son talent. Mais à Paris, où l'on tire parti de tout, il s'est formé des entreprises de jeteurs de bouquets. » Si l'actrice voulait obtenir un triomphe, elle se faisait, pour une somme convenue, jeter des fleurs par « l'entrepreneur de bouquets. » Les pluies de fleurs n'étaient cependant pas toujours de commande, car déjà les dames détachaient les fleurs de leurs ceintures, pour les jeter avec enthousiasme aux artistes en vogue.

Un pas à faire et nous sommes en 1897, bien des choses ont changé dans cet entretemps ; les chapitres suivants, qui ont trait au rôle que jouent actuellement les fleurs dans la vie, nous l'apprendront. Mais j'ajouterai que, si l'on offrait des fleurs aux souverains de la France monarchique, il en est encore ainsi de nos jours. Dans bien des circonstances, le chef de la nation française reçoit des fleurs en hommage. A ma connaissance, aucun des Présidents de la République française n'a inauguré une des belles floralies parisiennes, sans qu'on lui eût offert, en cette circonstance, une gerbe des plus belles et des plus rares fleurs figurant à l'exposition : roses, chrysanthèmes, Orchidées. Mme Sadi Carnot, Mme Casimir-Perier, Mme et Mlle Lucie Faure ont toujours remporté de ces visites un luxueux présent de fleurs.

Ce coup d'œil rétrospectif nous montre que les peuples primitifs adoptèrent, instinctivement, les fleurs dans leurs parures ; celles-ci, à un degré plus ou moins prononcé, et sous diverses formes, devaient toujours faire partie intégrante de nous-mêmes, en se perpétuant à travers les siècles, malgré les bouleversements et les révolutions, en recevant les hommages de tous.

Nous voyons qu'au fur et à mesure que la civilisation s'accentuait, se modernisait, le luxe des fleurs se raffinait. Mais on ne fit que perpétuer, plus justement peut-être, ce que les anciens avaient adopté. Les couronnes de mariées, les couronnes des enfants, n'ont pas d'autre origine ; les fleurs, dans le culte des morts, dans les solennités religieuses, dans les cérémonies et les fêtes officielles et privées, ont, sous une autre forme et sous une autre présentation, peut-être, débuté chez les Grecs. Le luxe et la mode des fleurs dérivent des temps anciens. Les élégantes fleuristes modernes ont leur souche chez les Grecs, et des embranchements chez les bouquetières-chapelières en fleurs du moyen âge.

Les fleurs ont cependant subi les influences de la mode, car chaque époque a eu ses fleurs de prédilection. Le lis, la rose, la mandragore sont inhérents au moyen âge. Le grand Condé portait des œillets à la boutonnière en présence de Louis XIV. La Révolution française montra, pour les fleurs, une grande considération ; tous les députés de la Convention portèrent un bouquet de fleurs à la boutonnière lorsqu'ils traversèrent Paris, le jour de la fête de l'Être suprême. Sous le Consulat et sous l'Empire, le réséda fut longtemps à la mode, puis, vint le tour de l'hortensia ; les beautés de l'Empire aimaient qu'on les comparât à une sensitive. Puis, la Restauration protégea l'églantine [1]. Et la rose, de tous temps, fut aimée. Depuis, des quantités de fleurs ont régné successivement. Aujourd'hui, la mode est aux Orchidées et aux chrysanthèmes ; demain, à quelle fleur sera-t-elle ?

Un jour, peut-être, viendra où les fraîches couronnes des anciens seront de nouveau adoptées par les femmes et les jeunes filles. Alors, la couronne proscrite retrouvera, peut-être, un peu de son antique suprématie et une petite place, quand ce ne serait qu'une partie de celle qu'elle a quittée pour aller trouver asile sur le cercueil des enfants et sur la croix noire des tombeaux !

J'arrive au luxe des fleurs, qui remonte bien loin, puisque nous voyons les Égyptiens vouloir éblouir les Romains, en leur envoyant des roses pendant l'hiver. Je donne ici au mot luxe sa vraie signification et ne l'emploie pas comme synonyme de goût, car, partout où il y a eu le goût des fleurs, il n'y a pas toujours eu de luxe et réciproquement.

Les exemples, où les fleurs ont été fastueusement employées, abondent. Les Romains, je l'ai déjà dit, recouvraient de fleurs les parquets des salles de festin, en guise de tapis, et en faisaient parfois tomber une pluie sur les convives. Néron, dit Suétone, aurait dépensé, pour les fleurs garnissant les appartements et les lits lors d'un grand festin, la somme prodigieuse de quatre millions de sesterces (environ 750,000 francs.)

Charles VIII dépensait des sommes considérables pour les fleurs dont on recouvrait son lit.

Mme de Sévigné parle d'une fête donnée par Louis XIV où il y avait pour mille écus de jonquilles.

[1] *Les fleurs animées.*

Mais c'est de nos jours que le luxe des fleurs s'est surtout affirmé d'une façon générale et principalement en Amérique où le faste, en toutes circonstances, est une préoccupation constante et où rien n'est beau s'il n'est cher. Je ferai donc, à cet effet, d'après les journaux, quelques citations; on en trouvera d'autres, plus originales, consignées en maints endroits de ce livre.

Pour le mariage de Mlle de Rothchild avec lord Roserby, en 1878, trois mille roses entrèrent dans l'ornementation des appartements et dans la confection des corbeilles de mariage. Plus près de nous, en 1893, le duc d'York, lors de son mariage avec la princesse May de Teck, offrit pour des sommes considérables de roses blanches à sa fiancée et aux demoiselles d'honneur. A une noce célébrée en 1885 en Auvergne, les harnais, lanternes, rayons de roues de la voiture nuptiale, disparaissaient sous les roses blanches.

Il n'est pas rare que les dames de New-York portent un bouquet de 100 à 150 francs pour aller au spectacle. Pour une représentation, un fauteuil garni de fleurs et la parure fleurie d'une seule personne coûtèrent 3,000 francs.[1] Lorsque Mme Théo alla jouer en Amérique, elle fut comblée de fleurs, et, lors de son embarquement sur un paquebot, quatre tables de la salle à manger du bord avaient peine à contenir les présents fleuris de toutes sortes qui

[1] En donnant les prix de certaines compositions, on pourrait croire que mon livre est écrit dans un but commercial. Il n'en est pas ainsi. Si des prix sont cités de place en place, c'est pour mieux démontrer la valeur de certaines choses. Le côté commercial proprement dit a été laissé de côté, et pour cause, dans cet ouvrage dont le véritable but est d'instruire et de renseigner sur la question de l'utilisation des fleurs.

lui avaient été faits en guise d'adieu. Le Président Arthur, lui-même, lui envoya une petite frégate de fleurs.

Lorsqu'on décréta la décoration florale des tombeaux des soldats morts pendant la guerre de sécession, quatre-vingts voitures de fleurs, représentant plusieurs centaines de mille francs, allèrent orner les champs de repos de ces braves. Mais il me faut ajouter qu'en Amérique, les fleurs se vendent deux à quatre fois plus cher qu'en France.

A un dîner offert par l'empereur de Russie à Guillaume II de Prusse, la table était couverte d'un tapis de fleurs. A Wasinghton, un dîner fut offert où un vaisseau bondé de roses était disposé dans un lac minuscule au milieu de la table.

Aux funérailles d'Alexandre III, empereur de Russie, la magnificence des couronnes envoyées par les diverses puissances atteignait le plus haut degré.

On se rappelle encore le déploiement considérable de fleurs, le luxe des couronnes aux funérailles de Gambetta, de Victor Hugo, de Pasteur et de Sadi Carnot, où des couronnes en fleurs naturelles ont atteint de 100 francs à 10,000 francs ; et, plus près de nous, les richesses florales qui furent créées lors de la visite en 1896 des souverains russes à la France. Les édifices et les palais qu'habitaient l'Empereur et l'Impératrice étaient resplendissants, dans leur éclosion spontanée de milliers de fleurs. Les présents fleuris, les merveilleuses gerbes d'Orchidées étaient d'un prix incomparable et d'une richesse inouïe.

Enfin, au Père Lachaise, la sépulture de la famille Worms de Romilly est constamment fleurie ; cette garniture de fleurs fraîches coûte une trentaine de mille francs par an.

Le luxe des fleurs n'est pas, à mon avis, à blâmer ; il est bien naturel et en rapport avec le faste habituellement déployé à notre époque ; il répond bien aux exigences actuelles. Aussi n'y a-t-il pas lieu de le critiquer et cela pour plusieurs raisons. Aussi dirai-je, avec M. H. Martinet [1] : « Où trouver une œuvre plus intéressante que celle de soutenir et d'encourager les innombrables petits horticulteurs qui vivent du produit de la vente des fleurs, travaillant dix-huit heures par jour et n'arrivant, malgré ce labeur écrasant, qu'à vivre misérablement en élevant une famille souvent nombreuse ? » Puis, plus loin, parlant du rôle des fleurs aux funérailles de Sadi Carnot, il ajoute : « Nous devons surtout voir dans ces innombrables témoignages de regret et de sympathie la preuve que, chez nous, les fleurs parlent toujours leur langage et symbolisent mieux que toute autre chose les pensées nobles et généreuses. Le spectacle auquel nous avons assisté est réconfortant : tout un peuple, uni dans un même sentiment de délicatesse, témoignant sa reconnaissance à l'homme qui l'avait loyalement servi, en jonchant sa tombe de plusieurs centaines de fleurs les plus rares. »

Cette citation n'est pas seulement applicable aux grandes funérailles. Le luxe des fleurs n'est pas prêt de baisser, j'en ai la conviction, car il est juste ; il prospérera et suivra la marche ascendante du raffinement des richesses du siècle actuel.

Si l'usage des fleurs dans les diverses circonstances de la vie est louable, il me paraît injuste qu'on les ait fait entrer dans les mouvements politiques où elles ont par-

[1] H. Martinet. « Le commerce des fleurs aux funérailles de Carnot », *Le Jardin*, année 1894.

fois été le signe de ralliement de certains partis. Il n'y a pas seulement des fleurs politiques, il y a aussi les fleurs nationales, en France : le majestueux Lis est la fleur royale de France.

Sous la restauration des Bourbons, une actrice, Mlle Mars, fut sifflée parce qu'elle avait paru en scène avec un bouquet de violettes. Les nobles, croyant qu'elle était la fleur de l'Empire, ont banni la violette, cette fille du peuple, que les anciens considéraient comme l'emblème de la pureté. Pauvres et innocentes violettes ! Elles furent encore, il y a quelques jours à peine (15 mars 1897), mêlées à une manifestation impériale. Les membres des comités impérialistes, la boutonnière fleurie d'un bouquet de violettes, se rendirent au monument du prince impérial. L'accès leur en ayant été interdit, ils jetèrent leurs bouquets par-dessus la tête des gardiens de la paix, jusqu'au pied du monument. Ce fut une véritable avalanche de violettes.

La reine Marie-Antoinette aimait beaucoup les fleurs et la concierge de sa prison lui apportait, tous les jours, des œillets, des tubéreuses et surtout des juliennes, sa fleur favorite. Chevet lui porta un bouquet de roses Chevette, qui, elles aussi, furent compromises; ce bouquet renfermait un billet informant la reine d'un plan d'évasion. Chevet fut condamné à mort et gracié ensuite.

L'œillet a aussi joué son rôle; l'œillet rouge devint un signe de reconnaissance des partisans de Napoléon. Par opposition, les royalistes avaient adopté l'œillet blanc. L'œillet rouge fut aussi porté par les partisans du général Boulanger. C'est à cet effet qu'en 1888 la comtesse de Paris forma une ligue dans le but d'opposer la rose monarchique à l'œillet boulangiste, ligue qui dura, ce que durent les roses, l'espace de quelques jours. La rose fut donc arborée, pendant quelque temps, par les partisans du comte de Paris.

Il y a deux ou trois ans (je cite cela pour mémoire), on remplaça l'œillet rouge par une petite rose rouge en étoffe, invention parisienne imitant la rosette de la Légion d'honneur. Ce fut un engouement; beaucoup arboraient cet insigne; peut-être croyaient-ils que c'était arrivé ?

Fulbert Dumonteil nous dit que le général Hoche, écroué à la Conciergerie, reçut un magnifique bouquet de roses. Il en distribua aux prisonniers et aux prisonnières. Sur ces entrefaites, on vint quérir quelques personnes pour comparaître devant le tribunal. Hommes et femmes se présentèrent, les uns avec les roses à la bouche, les autres avec les roses dans les cheveux.

La rose fut un signe de ralliement en Angleterre, au xvᵉ siècle, et donna son nom à une guerre : *la guerre des deux roses*. Cette guerre eut lieu entre la maison d'York, qui avait pour signe la rose blanche, et celle de Lancastre, qui avait pour signe la rose rouge. Les femmes, elles-mêmes, devaient se prononcer par l'adoption d'une de ces deux roses.

Plus récemment, aux États-Unis, en 1888, les roses servirent aussi de ralliement: le parti démocratique adopta les roses rouges qu'on portait à la boutonnière, et les républicains, les roses roses qu'ils posaient sur leurs pupitres.

Qui croirait que le bleuet, cette fleur des champs, qu'arborent à la boutonnière nos élégants des boulevards, eut, en Belgique, au xviiᵉ siècle, un caractère politique ? Le bleuet fut aussi la fleur emblématique de Guillaume Iᵉʳ d'Allemagne, et lors des fêtes de son centenaire, en 1897, les manifestants s'en parèrent.

Mais les fleurs ont parfois été employées plus justement: on a jeté des fleurs, en les accompagnant d'acclamations frénétiques, aux soldats qui, en 1870, partaient pour la frontière et dont beaucoup, hélas! ne devaient plus revenir.

Plus tard, les troupes, à leur retour des glorieuses campagnes du Tonkin, du Dahomey, de Madagascar, furent également comblées de fleurs et reçurent une multitude de projectiles fleuris, au milieu des bravos enthousiastes.

Ces fleurs ont été, un moment, de vraies fleurs nationales; en fut-il jamais de plus belles et eurent-elles jamais plus noble mission ?

CHAPITRE II

D'OU VIENNENT LES FLEURS ?

Les fleurs du midi. — Les fleurs de la région parisienne. — Les plantes de Paris et des environs. —
Les plantes du midi. — Plantes d'importation. — Importation de fleurs d'Orchidées. — Exportation de
fleurs coupées. — Emballage et transport des fleurs. —
Le marché aux fleurs des Halles. — Les marchés aux
fleurs parisiens.

Deux régions principales et distinctes sont les centres
de production des fleurs coupées envoyées à la capitale :
Paris et les communes suburbaines, d'une part, et de l'autre, le Midi, — constituant deux origines d'approvisionnement bien tranchées, ayant nom dans le langage commercial : *le Paris* et *le Midi*.

Les fleurs produites aux environs de Paris sont de pro-
venances diverses. Il y a d'abord les fleurs de plein air
qu'envoient journellement, par charretées, les cultivateurs
suburbains. Des spécialistes « font », exclusivement, la

fleur coupée, tandis que d'autres cultivent les fleurs de pair avec d'autres produits ; tous approvisionnent le marché des Halles.

Les cultures forcées et sous verre se font dans Paris et dans la banlieue. Ces diverses cultures sont généralement centralisées. Les fleurs et plantes de serre viennent de quelques grands centres, dont Versailles est le principal.

Du Midi, cette région privilégiée où le printemps semble éternel et où l'Oranger fleurit comme au pays de Mignon, sont expédiées, chaque jour, pendant l'hiver surtout, des quantités de fleurs les plus diverses, depuis le mimosa jusqu'aux roses, œillets, narcisses, violettes, etc. Ces fleurs ne sont guère vendues que par les fleuristes de seconde et de troisième classes, les grandes maisons préférant les fleurs forcées de Paris, qui sont plus belles et ont plus de valeur, ou bien n'utilisant que le « *très beau Midi* », trié par les commissionnaires ou envoyé directement par le producteur.

C'est de la région qui s'étend de Toulon à Menton et dont Nice est le point central que proviennent toutes ces fleurs. Les cultures se font en partie sous verre. Certains centres, individuellement, en envoient aussi : tel Toulouse, pour les violettes. Et c'est par centaines de paniers que ces fleurs sont expédiées, journellement, par express.

La production des plantes à fleurs et des plantes forcées est l'apanage des horticulteurs parisiens et suburbains. Il en est de même des plantes à feuillage, et, à ce point de vue, Versailles est un centre qu'on peut nommer le Gand français.

Depuis quelques années, le Midi envoie couramment des Palmiers et autres plantes à feuillage qui sont culti-

vées en pleine terre, pour la plupart sur la côte méditer-
ranéenne.

Mais les cultures françaises semblent ne pas suffire à ce
Gargantua qu'est Paris. Certains fleuristes reçoivent,
presque hebdomadairement, des plantes de Belgique, de
Gand principalement. Les importations d'Azalées fleuries
sont couramment faites chaque hiver.

Il n'y a pas bien longtemps que les fleurs d'Orchidées
sont employées par les fleuristes. Elles ont, dès leur apparition, suscité l'admiration ; elles sont actuellement les
fleurs à la mode avec les capitules monstrueux des chrysanthèmes, et, en compagnie des roses et du lilas forcé,
elles constituent la base des luxueuses garnitures.

Primitivement, on ne trouvait pas suffisamment de
fleurs d'Orchidées aux environs de Paris; on était donc
obligé de les importer de Belgique. Depuis, des horticulteurs et amateurs en produisent assez pour satisfaire aux
demandes, en temps ordinaire; mais on est encore tri-
butaire de l'étranger dans certaines circonstances où les
offres ne suffisent pas aux besoins.

Par contre, l'exportation des fleurs coupées du Midi et
des fleurs forcées de Paris s'accentue de jour en jour.
Les trains rapides emportent, journellement, du Midi, en
hiver, vers les principaux centres de l'Allemagne, l'Angleterre, la Belgique, la Russie, l'Autriche, etc., des
paniers de mimosas, violettes, roses, œillets, anémones,
jacinthes et anthémis. Paris envoie, à Londres, Bruxelles,
Saint-Pétersbourg, Berlin, ses roses *La France* et d'autres
belles variétés, ses merveilleux thyrses de lilas blanc et
ses jolies boules de neige.

L'emballage de toutes ces fleurs est fait de différentes

façons, selon leur destination. Les fleurs de plein air, cultivées aux environs de Paris, sont cueillies la veille et sont bottelées et emballées dans de grands paniers en osier. Celles d'une grande valeur et les fleurs de serre sont emballées dans de petits paniers et dans des caisses ; quelquefois, elles sont enveloppées, individuellement, dans du papier de soie.

Les fleurs à grands épis, tels les glaïeuls, sont mises dans des caisses en bois ayant un peu moins de longueur que deux épis placés bout à bout. Sur les deux parois longitudinales, sont trois rainures dans lesquelles, après chaque rangée de fleurs, on glisse une tringle de bois ; ces tringles reposent sur des tasseaux et isolent chaque lit de fleurs. Pour les glaïeuls de choix, on étend un peu de mousse mouillée à l'extrémité des pédoncules.

Les boutons d'oranger, les fleurs de *Camellia*, *Gardenia*, *Bouvardia* et *Stephanotis* sont emballées dans de toutes petites caisses ayant de 20 à 25 centimètres de long sur 12 à 15 de large et 5 à 6 de haut et faites de minces planchettes. Les fleurs reposent sur un lit de mousse fraîche. Ces boîtes sont, elles-mêmes, rangées dans de grands paniers.

Le transport de ces fleurs est fait par des charrettes qui arrivent aux Halles généralement avant trois heures du matin. Les paniers sont déposés à l'endroit que doit occuper le marchand, sur « le carreau » des Halles. Les vendeurs paient, pour cela, une redevance à l'administration.

L'emballage des fleurs du Midi est très simple. Il consiste en paniers plats très légers et à claire-voie, fabriqués avec la canne de Provence (*Arundo Donax*) et dont les couvercles sont mobiles. A l'intérieur, on étend une forte feuille de papier ou une couche de mousse pour isoler les fleurs des parois. Les fleurs sont superposées et serrées les unes contre les autres; c'est ainsi qu'on évite le ballottement qui les fatigue toujours et c'est ce qui leur permet d'arriver en bon état.

La livraison directe des commandes de plantes en pots et de fleurs, chez les fleuristes parisiens, par les horticulteurs de la région, se fait au moyen de voitures fermées et chauffées en hiver.

C'est le marché aux fleurs des Halles qui est le point principal de la réception, de la vente en gros et de la dispersion des fleurs dans Paris.

La vente des fleurs commence à quatre heures du matin l'hiver, et à trois heures l'été. Les fleurs du Midi sont adressées à des commissionnaires spéciaux.

D'autres commissionnaires, nommés « regrattiers », achètent les fleurs aux gens du Midi et aux producteurs parisiens. Cette catégorie de vendeurs fait le triage des fleurs du Midi principalement et forme deux choix : « le très beau Midi » et le « Midi ordinaire ».

Les fleurs sont étalées sur des paniers mis les uns sur les autres en gradins ou tout simplement sur des paniers posés sur le sol et recouverts d'une toile ; l'été, la vente a lieu dans la galerie, entre les pavillons 7 et 8 et dans la rue Baltard ; l'hiver, quand le froid est rigoureux, dans les vastes sous-sols.

De quatre heures et demie à cinq heures en été, de cinq heures à six heures en hiver, les fleuristes arrivent.

Le grand fleuriste, quoique ayant des fournisseurs attitrés, ne néglige pas les Halles où il achète le dessus du panier. Il s'y croise avec le fleuriste de second ordre, les fleuristes des kiosques, à la voiture et au panier. Certains commissionnaires achètent aussi des fleurs pour leurs clients de province. Les fleuristes de second ordre et les autres marchands de fleurs achètent le choix inférieur de fleurs.

C'est un continuel marchandage dans ce marché; les cours subissent des écarts considérables, selon que les marchandises sont rares et les acheteurs nombreux et *vice versa*. Si une fleur est fort demandée, quelle qu'en soit la valeur réelle, elle se vend plus cher. Le lendemain, même quelques heures plus tard, ce sera complètement changé. J'ai constaté, plus d'une fois, *de visu* que des fleurs, se vendant un bon prix au commencement du marché diminuaient souvent, un peu plus tard, de 50 à 75 p. 100, ce qui explique la difficulté d'établir des données même approximatives.

A la dernière heure, les marchands à la voiture et au panier « saisissent » les bonnes occasions. La cloche va sonner, avertissant qu'il faut débarrasser le trottoir. On donne la marchandise à n'importe quel prix.

A huit heures l'été, à neuf heures l'hiver, la vente cesse : il faut partir! Lentement s'ébranlent de tous côtés les voitures des marchandes de quatre saisons pendant que la fleuriste au panier s'installe à l'angle d'une grande artère et qu'insinuante, avec son cri de « fleurissez-vous », elle offre ses fleurs aux passants.

Les marchés aux fleurs offrent un spectacle vraiment parisien; ils se tiennent à jours fixes dans divers quartiers et durent toute la journée.

La veille de certains marchés, particulièrement de ceux

du « Quai aux fleurs », il y a la vente en gros, qui précède celle au détail. Les voitures d'horticulteurs, apportant leurs produits pour la vente en gros arrivent la veille au soir et s'installent sur les quais et sur le pont Notre-Dame. Cette vente dure toute la nuit et le lendemain jusqu'à huit heures, moment où on rend les trottoirs à la libre circulation.

A cette heure, les voitures des revendeurs et des petits horticulteurs sont arrivées ; ceux-ci ont déjà fait leurs achats et mettent la dernière main à leur installation sous des abris et sur les trottoirs. C'est sous ces abris que sont placées les plantes les plus délicates ; les plantes en bourriche sont étalées sur les trottoirs. C'est surtout dès l'avant-veille des grandes fêtes, quand les homonymes ou dérivé du saint sont nombreux, qu'il faut voir un marché. Je m'en suis rendu compte plusieurs fois, le spectacle est digne d'être vu et c'est là que les transactions florales sont les plus accentuées.

Les voitures d'horticulteurs arrivent de bonne heure la veille du marché. Bientôt, leur étalage est fait. Étalage qui, le plus souvent, ne comprend individuellement que quelques espèces de plantes et révèle la spécialité du producteur. A sept heures du soir la vente commence, elle cesse à peine au milieu de la nuit pour reprendre ferme dès trois heures du matin. En cet entretemps, « enveloppées dans leurs châles, les pieds sur leurs chaufferettes, les marchandes s'appuient à leurs chaises, engourdies par le sommeil et par la fraîcheur de la nuit [1] ». Les fleurs de toutes couleurs embaument l'air, « dressées dans un rayon

[1] Alphonse Daudet.

de lune, avec leur ombre légère autour d'elles, transpor-
tées, dépaysées, attendant le caprice » et le réveil de
Paris qui sommeille ! Dès cette heure, les voitures des
fleuristes, les voitures à bras, les hottes des porteurs et
les petites brouettes des marchands transportent, les premières et les secondes, les plantes à domicile ; les autres,
— véhicules primitifs, — d'étalage en étalage, d'autres
plantes pour compléter les assortiments. Les horticulteurs
ajoutent à leurs produits ce qu'ils ne cultivent pas. Les
revendeurs constituent leurs lots, c'est un brouhaha indes-
criptible de gens affairés et de porteurs, le tout accompagné
d'un continuel marchandage. Chacun cherche à écouler
sa marchandise dans les meilleures conditions possibles
en lui prêtant de grandes qualités que déprécie toujours
l'acheteur pour l'avoir à bon compte.

Les marchands au panier, et ceux à qui on accorde
une place sur les trottoirs des grandes voies, la veille
de ces fêtes, viennent acheter, désireux des bonnes occasions.

Les prix sont très variables, ils changent plus ou moins,
selon le nombre des marchands et la quantité de plantes.
Ce sont surtout les plantes fleuries qui subissent les plus
grands écarts.

La vente en gros dure jusqu'à huit heures, après quoi
tout est débarrassé. La vente ordinaire persiste toute la
journée et quelquefois assez tard dans la nuit.

Les fleuristes qui « font » les marchés, installent leur
boutique volante. Ils sont surtout nombreux à l'aristocratique marché de la Madeleine.

Il peut être utile de connaître les jours de ces marchés.
Les voici :

Dimanche. Marché de Passy, marché de la Chapelle, marché Voltaire.

Lundi.... Marché de la place de la République, marché de Clichy, marché Saint-Sulpice.

Mardi.... Marché de Passy, marché de la Madeleine, marché Voltaire.

Mercredi.. Marché du Quai aux fleurs, marché des Ternes, marché de la Chapelle, marché des Batignolles.

Jeudi.... Marché de la place de la République, marché de Clichy, marché Saint-Sulpice.

Vendredi. Marché de Passy, marché de la Madeleine, marché Voltaire.

Samedi... Marché du Quai aux fleurs, marché des Ternes, marché des Batignolles.

Les personnes qui achètent des plantes aux marchés doivent s'assurer que celles qu'elles choisissent sont en bon état et bien enracinées, sans tenir compte des offres avantageuses des marchandes qui, insinuantes, ne cessent de répéter : « Voyez, madame, achetez-moi quelque chose, madame, j'ai de beaux Palmiers !... de jolis Rosiers !.... »

CHAPITRE III

OU VONT LES FLEURS ?

La bouquetière des rues. — La bouquetière des établissements de nuit. — La bouquetière ambulante. — La fleuriste des kiosques. — La fleuriste des gares. — La fleuriste des Halles et des marchés. — La fleuriste en boutique. — Silhouettes de fleuristes. — La montre des fleuristes. — Que deviennent les compositions florales ?

Les fleurs sont la strophe tendre d'un poème d'élégance, et c'est parfois pitié de les voir agoniser sur les branchages de sapins qui recouvrent le panier de la bouquetière ambulante, elles qu'on ne conçoit que dans un cornet de cristal, ou entre de longs doigts finement gantés de chevreau glacé ou de Suède blanc, ou encore piquant d'une note gaie l'ombre d'un corsage de soie.

Les fleurs vont partout, dans toutes les classes et sous diverses formes. Elles vont égayer la mansarde de l'ouvrier, orner l'appartement luxueux du riche.

Elles vont assister au baptême de l'enfant qui vient de

naître. Elles vont au bal et aux fêtes, pleines de grâce et de fraîcheur, aux mains, au corsage et aux cheveux d'une personne élégante. Elles sont envoyées par le jeune homme à la personne à qui il lui est si doux de les offrir, et vont parler d'espérance ou de souvenir seulement !...

Elles vont couronner les fiançailles, idéaliser les rêves d'avenir. Elles vont aux noces, candides fleurs d'oranger : témoins des serments, elles sont l'espérance.

Elles vont aux fêtes officielles et aux fêtes intimes, elles apportent la gaieté dans une famille. Elles vont, le jour des grandes « premières », dans les théâtres, s'entasser dans les loges des étoiles.

Elles vont accompagner, au dernier lieu de repos, les êtres qui nous sont chers et que nous pleurons. Elles vont aussi aux funérailles officielles.

Elles vont, les jours de fêtes, d'anniversaires, de la Toussaint, dans les églises et dans les cimetières. Elles vont, le jour des morts, en novembre glacé, et les jours commémoratifs des glorieuses victoires, et..., des deuils de nos armées, s'amonceler au pied des monuments élevés à la mémoire des braves morts au champ d'honneur ! Elles sont, fleurs de piété, les élues des plus purs et plus sincères sentiments !...

Et, arrivées là, où vont-elles encore ? Que deviennent-elles ? Elles se flétrissent dans les vases et elles sont jetées. Elles sont fanées et vont pourrir en un tas et sur la fosse commune : à jamais oubliées, elles sont la frappante personnification de la vie humaine.

Mais, avant d'être partout, depuis que nous les avons vues aux Halles, elles ont subi des transformations notables. Ce sont les bouquetières et fleuristes de toutes

classes qui les ont appropriées aux circonstances et c'est
d'elles que je vais parler.

Fig. 2. — BOUQUETIÈRE AU PANIER

Munie d'un panier en osier, la bouquetière des rues

colporte, dans tout Paris, jusque dans les champs de courses, les quelques fleurs qu'elle a achetées le matin aux Halles. Dans les quartiers aristocratiques, on voit certaines bouquetières courir après les voitures de maître pour offrir des fleurs.

Le panier de la bouquetière est garni des fleurs les plus communes et de petits bouquets de deux sous (piqués dans les rameaux d'*Epicea*) qu'elle confectionne au fur et à mesure de la vente (fig. 2). Il n'est pas jusqu'à la traditionnelle bottelette de jonc et le toupillon de fil de coton qui n'apparaissent. A l'instar du camelot parisien, la bouquetière profite des circonstances du moment et de l'état des esprits pour mettre sa marchandise à la mode du jour. Noté, après la visite des Souverains russes à la France, ce cri suggestif : La violette !... La belle violette russe !

La populaire bouquetière n'appartient pas toujours aux classes laborieuses. Des personnes de marque et de grand nom échouent parfois dans cette humble mais honnête corporation, par un revirement de fortune, de succès ou de gloire : telle fut la comtesse de Pathé, une amie de Napoléon III, qui, dernièrement encore, vendait des fleurs au seuil du Père Lachaise. Elle avait pourtant, la pauvre femme, connu des jours prospères et brillants ; aussi, quand elle passait dans les rues de Ménilmontant, son panier de violettes au bras, gardant un peu de son ancienne élégance, malgré ses cheveux blancs, les gens se retournaient-ils sympathiquement vers elle. Elle est morte en janvier 1897, près de quelques bouquets de fleurs lui rappelant des illusions qui avaient survécu à la grande débâcle !

D'autres bouquetières, nées parmi les humbles, acquièrent la popularité, et parfois, une certaine renommée ; c'est le cas pour Isabelle, la célèbre bouquetière dont le nom est lié à la haute vie de la période impériale. A cette époque, dit Jules Chancel, M. Salomon de Rothschild lui faisait porter des fleurs tous les jours à sa mère et elle fournissait la boutonnière de M. Charles Laffitte. Elle fit

Fig. 3. — BOUQUETIÈRE AMBULANTE

partie du Jockey-club et vendit ses fleurs au pesage des champs de courses. La préfecture de police lui délivra un permis « autorisant la femme Isabelle Brillant à vendre, seule dans Paris, des fleurs coupées et portées à la main ». Ce permis unique date de 1860 et porte les signatures de tous les préfets de police qui se sont succédé jusqu'à ce jour et qui l'ont renouvelé. Dès lors, on la vit dans les théâtres riches et elle fut admise, seule, sur les champs de courses.

Maintenant, Isabelle vend des fleurs la nuit dans les cabarets et les théâtres *chics*, et, son travail terminé, elle prend un train du matin, pour se rendre à Sannois où elle demeure. Mais les « petits vernis » d'aujourd'hui ne connaissent plus l'Isabelle d'autrefois et ne paient plus dix francs les bouquets de dix sous.

Indépendamment de la bouquetière au panier, des hommes profitent des bonnes occasions au marché des Halles et achètent des stocks de mêmes fleurs qu'ils chargent dans des hottes portées à dos. On voit de ces marchands dans tous les coins de Paris avec une hotte de violettes, ou de narcisses, ou d'œillets, etc. Dernièrement, j'en ai remarqué un qui vendait à la fois du cresson et des violettes.

La bouquetière des établissements de nuit n'apparaît que le soir. Les grands cafés parisiens ont leurs bouquetières attitrées qui vendent leurs fleurs très-cher à l'intérieur ; ces fleurs sont disposées dans de petites corbeilles, en petites gerbes pour les dames et en bouquets de boutonnière pour les hommes. Bien souvent, cette bouquetière n'a pour tout bagage que quelques bottes de roses à longue tige, de mimosa, d'œillet, de Paris ou du Midi, selon la saison.

Aux terrasses de ces cafés, les bouquetières qui n'ont pas droit à l'entrée du café offrent des fleurs plus variées, mais plus communes ; les fleurs champêtres et les fleurs de Nénuphar blanc font leur apparition l'été.

La vente des fleurs dure bien avant dans la nuit, passé l'heure où commence la vente en gros aux Halles : elle est continuelle !

Par n'importe quel temps, la bouquetière ambulante (fig. 3) pousse devant elle sa petite voiture bondée de fleurs populaires et de gais feuillages, qui varient avec la saison. Et, sans cesse, malgré la neige, on aperçoit ces traditionnelles carrioles portant, jusque dans les quartiers les plus reculés de la métropole, les fleurs qu'on achètera pour souhaiter la fête à un parent ou à un ami ; le bouquet de violettes ou de roses qui sera pour l'ouvrière un compagnon fidèle — parfois un confident — pendant ses longues journées de labeur, bouquet qui égaiera et apportera comme un rayon de soleil et d'espérance dans sa chambrette perchée bien haut — sous les toits !... Aux fleurs de Paris, succèderont celles du midi : la marchande ne peut donc pas chômer.

La fleuriste ambulante est mieux assortie que la bouquetière au panier. Elle confectionne de gros bouquets à l'aide de la botte de jonc et du toupillon de fil de coton.

Locataire d'une des échoppes spéciales des rues ou des boulevards, la fleuriste des kiosques (fig. 4) occupe déjà un rang assez élevé dans la corporation. Elle reçoit des commandes de bouquets, corbeilles et couronnes. Son étalage, déjà mieux assorti, est parfois encore complété par des plantes en pots.

Dans chaque gare parisienne, il y a au moins une fleuriste. Elle possède un assortiment de fleurs de choix, qu'elle vend généralement, aux voyageurs, en petites bottes ou en gerbes.

En dehors de la vente en gros du matin, des fleuristes se tiennent en permanence dans un des pavillons des Halles centrales et dans d'autres marchés. Elles confectionnent des bouquets, gerbes, bouquets de mariage, couronnes et corbeilles. Si leur étalage est primitif, on trouve chez elles des fleurs qui ne sont pas d'un prix exagéré.

Certaines bouquetières se tiennent près des églises au moment des fêtes; c'est pendant la semaine sainte et le mois de mai que leur commerce est le plus prospère.

Il nous faut aussi signaler les marchands de fleurs installés, en permanence, près des cimetières, et ceux qui, temporairement, vendent, au moment de la Toussaint, des bouquets, des croix et des couronnes en fleurs fraîches, en immortelles, en verdure, ainsi que des plantes et des arbustes.

Mais c'est chez les fleuristes en boutique que se manifeste vraiment « l'art de la fleur naturelle. » Ce sont de véritables artistes sachant admirablement tirer parti des fleurs.

C'est des mains de la fleuriste parisienne que sortent les compositions gracieuses et légères, toutes empreintes d'un caractère essentiellement artistique et original, dénotant bien le goût français.

Ces fleuristes peuvent être divisées en trois classes, qui se révèlent à première vue par l'examen des étalages.

Le petit fleuriste en boutique est coté plus haut dans la hiérarchie que la fleuriste des kiosques. On trouve chez lui les mêmes fleurs, mais peut-être mieux choisies et plus variées.

A une vitrine, sont les fleurs coupées, qui sont présentées en bottes ou en gerbes dans des vases en verre à large embouchure. Ce sont les fleurs de la saison, et les roses en forment presque toujours la note dominante. A l'autre vitrine, sont étalées les plantes en pots; on aperçoit des vanneries et d'autres objets suspendus au plafond.

En deuxième lieu, nous trouvons le grand fleuriste des boulevards et des quartiers riches. On remarque chez lui plus d'élégance dans le groupement des fleurs dans la montre.

Fig. 4. — KIOSQUE DE FLEURISTE

Les fleurs sont d'un meilleur choix et l'œil perçoit quelques rouges spathes d'*Anthurium* et de gracieuses fleurs d'Orchidées. A une montre, sont des compositions en fleurs coupées, à l'autre, des corbeilles de plantes à feuillage ou à fleurs, toutes enrubannées, et placées sur d'élégants supports en bambou ou sur des colonnettes.

Les fleurs, groupées dans des vases de prix et dans des porte-fleurs en bambou, forment de gigantesques gerbes dénotant une grande habileté chez la personne qui a présidé à leur arrangement.

L'intérieur de la boutique est aussi plus coquettement arrangé, on y admire des plantes agrémentées de nœuds de rubans.

De là, si nous passons chez le grand fleuriste en renom, qui est une personnalité cotée dans le monde choisi et horticole, qui innove et décrète une forme, nous y découvrons des choses absolument merveilleuses. L'étalage est un mélange des fleurs les plus belles et d'Orchidées, non plus placées sur le parquet ou sur une toile cirée, mais sur des tapis de velours rouge, vert chrome ou grenat.

Ce ne sont que corbeilles et gerbes d'Orchidées, de roses et de thyrses de lilas forcé, posées sur des colonnes garnies, elles-mêmes, des draperies les plus riches, le tout disposé élégamment et montrant ce que l'horticulture sait produire de plus beau. On n'y voit jamais de fleurs communes et populaires ; les fleurs du midi, elles-mêmes, n'y font que rarement leur apparition et on leur préfère pendant la saison celles qui sont produites par les forceries urbaines et suburbaines : roses de choix, Orchidées, *Anthurium*, lilas, boules de neige, chrysanthèmes, jacinthes, violettes et muguet forcé, etc.

Les plantes à fleurs larges et à feuillage garnissent de jolies corbeilles de vannerie : brouettes dorées remplies de violettes, bourriches garnies de muguet, faisceaux d'orchidées. Cette montre, que le fleuriste inspire et que la fleuriste compose si artistement, arrête le passant, le fascine et l'éblouit ; il se demande si ce sont bien des commerçants ou une exposition florale permanente.

A l'instar des grands magasins de nouveauté, le fleuriste haut coté a des voitures qui font les livraisons dans Paris. A certaines époques, au moment de Noël, du Nouvel-An et d'autres fêtes particulières, sur les panneaux qui surmontent ces voitures, sont collées des affiches, portant une inscription, qui est souvent celle-ci : « *Actuellement, exposition de bouquets et corbeilles de présents.* » Et le public parisien se porte en foule à ces expositions, qui lui révèlent le talent de nos exquises fleuristes, comme il va aux expositions et aux mises en vente du lundi au « Bon Marché. »

A l'intérieur, tout est luxueusement agencé ; ce ne sont que fleurs et feuillage : frondes de Fougères et gigantesques palmes à côté des Azalées fleuries, des rutilants *Anthurium* et des immaculées boules de neige, parmi lesquels circulent, affairées, les aides fleuristes, plongeant sans cesse leurs mains habiles dans les vases où sont groupés : roses, Orchidées, lilas, œillets, qui vont entrer dans la composition des objets les plus variés.

Que nous sommes loin du bouquet de roses, exposé, en janvier, chez Lachaume, il y a quelque trente ans et qui était alors à la mode ! aujourd'hui que certains fleuristes organisent des expositions publiques où défilent des milliers de personnes, tel ce fleuriste du boulevard Saint-Germain, qui, en décembre dernier, représentait dans ses magasins, sous ce nom : « Le Rêve », des tableaux vivants jonchés de fleurs !.....

. Nos lecteurs vont certainement se poser cette question : quand et comment ces étalages sont-ils faits ? La devinant, j'y réponds. Le matin, de bonne heure, aussitôt les fleurs arrivées des Halles, on se met à l'œuvre, on crée ces jolis bouquets et on compose ces gracieuses corbeilles qui, tout à l'heure, feront la joie des yeux. Les fleurs sont maintenues fixes, par des fils de fer, l'extrémité des tiges est rafraîchie, puis, gerbes et corbeilles sont disposées à l'étalage, non pas serrées les unes contre les autres, mais présentées sur plusieurs plans et à des hauteurs différentes, et se détachant individuellement sur un fond de verdure ou sur un tapis de velours ; ce sont toutes de délicieuses créations et on admire avec raison ces gerbes de roses qui sont des chefs-d'œuvre. Beaucoup de ces jolies corbeilles, de ces élégantes gerbes, sont faites sur commande, mais la plupart sont préparées uniquement pour la montre. Le soir, l'étalage est dégarni, les fleurs retirées des corbeilles et plongées dans des vases pleins d'eau, dans lesquels elles reprendront de la fraîcheur pendant la nuit. Le lendemain, corbeille et bouquets sont une seconde fois composés, l'étalage nettoyé et refait. Et ainsi chaque jour. Les fleurs qui n'ont pu être employées en temps propice, et qui sont quelque peu passées, sont « façonnées » et rafraîchies ; elles entrent dans la confection des couronnes ou des petites corbeilles de restaurants à la mode, que certains fleuristes font parfois par abonnement.

Mais, en voyant ces légères vanneries, on se demande comment elles ne sont pas plus vite défraîchies. C'est que l'intérieur des vases et des vanneries est occupé par des récipients en zinc qui s'y adaptent, et les fleurs trempent dans de petits tubes en zinc, qu'on dissimule parmi elles.

Les vaporisations, faites sous forme de rosée, dans le courant de la journée, sont si légères, qu'elles ne peuvent rien endommager.

J'ai esquissé trop brièvement ce qu'étaient les fleuristes parisiens, dont les nombreux et riches étrangers qui visitent la capitale, s'accordent à reconnaître la supériorité et le vrai talent artistique, et je vais, maintenant, jeter un coup d'œil sur leurs travaux.

CHAPITRE IV

GÉNÉRALITÉS SUR LES COMPOSITIONS FLORALES

Corbeilles de plantes en pots. — Corbeilles de fleurs coupées. — Corbeilles mixtes. — Des bouquets et gerbes. — L'association des couleurs. — Entourage des bouquets.

L'ornementation florale d'un appartement, le groupement des plantes et des fleurs dans une corbeille, la disposition des fleurs dans un bouquet varient à l'infini. Chaque jour, les fleuristes font des innovations toutes plus jolies et plus gracieuses les unes que les autres. Il est donc difficile d'établir des règles absolument fixes : rien n'est conventionnel et il faut se borner à examiner ce qui peut servir de guide.

Le travail des fleurs a changé à Paris depuis une douzaine d'années, depuis surtout que les horticulteurs « font » les fleurs à longues tiges et qu'ils ont sélectionné les plantes pour la grande production. Le bouquet compassé; préhistorique, qui était d'autant plus gros qu'on le payait plus cher, n'est plus de mode chez nos grands fleuristes, mais il règne encore dans nos campagnes et chez les fleuristes des rues de Paris. Toutes les fleurs étant à courtes tiges devaient être montées, pour composer l'immense et suranné bouquet pyramidal qu'on portait parfois avec peine. Sa valeur résidait en sa grosseur. Il n'en est plus ainsi aujourd'hui, car ce sont la beauté et la rareté des fleurs, ainsi que leur groupement artistique, qui font le prix des compositions.

Pour les garnitures des corbeilles, les plantes en pots doivent, par leur aspect, leur caractère ornemental, avoir leur intérêt particulier et quelque chose, forme ou coloration, qui plaise. Leur association dans les garnitures doit être raisonnée. Il ne serait pas joli de les serrer par trop les unes contre les autres; de leur groupement, doivent résulter des contrastes dans les formes et dans les coloris, tout en faisant valoir celles qui ont une certaine valeur ou un caractère particulier.

Près d'une plante élancée, on en mettra une autre différente de forme, le contraste en sera plus accusé, et chacune, servant d'ornement dans l'ensemble, apparaîtra aussi individuellement. Quand on emploie, simultanément, les plantes à feuillages avec celles à fleurs, ces dernières forment une variante qui favorise les associations harmonieuses. Les contrastes des coloris s'obtiennent facilement et il suffit que les couleurs ne forment pas dissonance, lors de leur rapprochement, pour que l'ensemble soit réussi et gracieux.

Les compositions de fleurs coupées demandent, pour être bien réussies, un certain sentiment artistique de la part de la personne qui les confectionne. Si, dans un motif, on réunit quelques coloris, on ne doit pas les multiplier, et, à ce sujet, nous voyons des exemples chez les fleuristes parisiens, dont les compositions sont, soit unicolores, soit combinées avec diverses teintes d'une même couleur, soit l'association de deux couleurs différentes : le jaune avec le bleu ou le bleu violacé, le rouge avec le blanc, etc.

Il faut, en composant une corbeille, éviter que les fleurs se touchent; chacune doit se détacher entièrement de sa voisine et du feuillage qui en est le fond naturel. En un mot, la lumière doit jouer librement entre chacune d'elles. Selon sa destination, la hauteur d'une corbeille de fleurs doit diminuer par gradation, du centre à la périphérie, sans que la recherche soit par trop accusée. De place en place, on rompt la régularité, si elle existe, par une fleur à moitié épanouie, un bouton ou quelque légère verdure s'élançant au-dessus des autres.

La confection d'une corbeille de plantes et de fleurs coupées doit être basée sur ces deux conditions essentielles : une association agréable des fleurs et du feuillage et un groupement harmonieux par l'opposition des formes, choses dont nous parlons ci-dessous.

Le bouquet n'est pas, comme on pourrait le penser, un assemblage de fleurs fait au hasard : le goût, l'adresse et la sûreté de main sont pour beaucoup dans sa composition. Comme pour les corbeilles, le choix des fleurs, la beauté des formes, les lois qui régissent l'harmonie des couleurs doivent être prises en considération.

« L'opposition des formes, dit Mme Lacoin [1], doit se trouver entre les fleurs en épi et les fleurs en boule. C'est là

[1] *Journal de la Société nationale d'horticulture.*

l'opposition la plus tranchée ; mais on peut, d'une manière générale, opposer les fleurs légères de n'importe quelles formes aux fleurs volumineuses. On peut aussi opposer des lignes simples aux lignes compliquées, par exemple les formes pures d'une tulipe au fouillis de fleurettes d'un lilas.

« La principale opposition d'un bouquet de toutes couleurs, doit être la différence d'intensité de la coloration. Au centre, on place les nuances les plus claires ; au-dessous, comme une ombre portée, on mettra des teintes plus foncées, formant un contraste vigoureux. Au-dessus des nuances claires, on mettra des couleurs d'une intensité moyenne sur lesquelles elles peuvent se détacher. Les couleurs complémentaires auront aussi leur rôle à jouer, mais elles formeront des oppositions accessoires. »

D'accord sur ces points avec Mme Lacoin, j'ajouterai que le feuillage doit être mis en ligne de compte, aussi bien dans l'opposition des formes que dans celles des couleurs, et, dans ce cas, son influence sur les contrastes harmonieux est prépondérante.

C'est ainsi qu'avec son aide, il n'y a pas toujours lieu de rechercher les oppositions seulement dans les coloris et formes des fleurs. Les superbes gerbes de roses d'une seule variété que nous voyons aux vitrines des fleuristes nous plaisent toujours sans que, cependant, il y ait contraste réel de formes et de coloris ; le contraste ne réside que dans l'opposition des roses avec le feuillage. Ce qui en fait le charme, quelle que soit la hauteur de la gerbe, c'est la disposition gracieuse des fleurs, qui, malgré leur arrangement régulier, semblent parfois avoir été posées là par hasard.

4

La gradation des nuances n'est pas non plus aussi nécessaire que cette citation pourrait le faire supposer, et l'exemple ci-dessus le démontre.

Cependant je crois devoir donner place à la citation suivante, traduite de l'allemand par un de mes amis et qui m'a été très aimablement communiquée. Elle peut, je le crois, avoir quelque utilité.

Relativement à l'opposition des couleurs dans les arrangements de fleurs, M. A. Woche, dans un article du journal « *Der schweizerische Gartenbau* », établit les règles suivantes :

1º Le blanc s'harmonise avec toutes les couleurs.

2º Le rose, avec le bleu clair, le blanc, le violet et le rouge foncé, mais non avec les couleurs sales rouge clair ou rouge cuivre.

3º Le rouge va avec le blanc, le jaune et le brun-orange.

4º Le bleu clair, avec le rose, le jaune et le blanc.

5º Le bleu foncé, avec le blanc et le jaune.

6º Le violet, avec le blanc et le jaune.

7º Le jaune, avec le rouge, le bleu et le violet.

Relativement aux feuillages pour bouquets, les règles suivantes sont approuvées :

1º Les feuillages vert clair et vert jaunâtre s'harmonisent avec les fleurs jaunes, blanches, bleues et violettes.

2º Les feuillages blancs avec les fleurs bleues ; les feuillages foncés avec les fleurs blanches, bleues et rouges ; les feuillages bruns et rougeâtres, avec les fleurs rouge-rose, rouges ou jaune clair.

On fait les bouquets très variables comme aspects, car la forme peut-être : pyramidale, ronde, presque plate, en pomme de pin, etc., suivant la destination de ces bouquets et aussi selon les fleurs dont on dispose. Celles-

ci doivent souvent être montées ou tout au moins soutenues par des fils de fer.

La gerbe est l'assemblage de fleurs qu'on peut considé-
rer comme le plus léger et le moins guindé; il s'en
dégage toujours de l'élégance. On la fait basse ou très élancée
suivant les circonstances; ainsi, pour la garniture des

Fig. 5. — VASE GARNI DE FLEURS DE CEANOTHE

grands vases de cheminée, on fait la « Gerbe façade »,
tandis que celle destinée à un présent est moins élevée,
mais plus large et plus sévère dans ses proportions.

Il ne faut pas oublier que, dans n'importe quelle garniture florale, la légèreté est essentielle ; c'est elle qui donne le cachet caractérisant tout ce qui a été fait artistement.

Dans la confection d'un bouquet, l'association des fleurs règle la pureté de sa forme générale ; aussi ne doivent-elles pas être placées les unes contre les autres indifféremment ; le bas et le centre doivent être occupés par des fleurs lourdes et, entre les deux, les fleurs légères trouvent place, ou bien, le tout étant en mélange, les fleurs légères doivent surmonter celles qui forment fond, constituant une base plus stable.

Quand une corbeille ou un bouquet a une destination spéciale, il doit être confectionné pour la circonstance, et si l'artiste sait donner une forme gracieuse au bouquet, l'homme de bon sens n'emploiera que des fleurs qui se rapportent au but proposé.

Le bouquet doit également s'harmoniser avec la forme du vase qui le contiendra. Dans un vase arrondi, le bouquet rond sied très bien, tandis que, pour le porte-bouquet en cornet ou pour un vase élancé, une gerbe légère est préférable. Si le vase est petit (fig. 5 et 6), le bouquet doit être en proportion, et les fleurs seront d'autant plus légères. Rien n'est plus poétique — bien souvent — qu'une belle rose avec une longue tige, encadrée de son feuillage trempant dans l'eau d'un mignon vase en verre.

Mais ce ne sont là que des données approximatives qui varient comme l'esthétique l'exige et comme le goût et les caprices de chacun le désirent.

On se demande aussi si on doit prendre en considération absolue le langage des fleurs — langage tout à fait humoristique dans son interprétation, — quand il s'agit de compositions florales. Évidemment non, à moins que la personne à qui on offre des fleurs croie aux symboles et n'ait pas le courage de son opinion.

Mais on doit tenir compte de la destination des fleurs et des convenances; lorsque, par exemple, un bouquet est destiné à une demoiselle (ce qui est toute autre chose), on

Fig. 6. — VASE GARNI DE FLEURS D'ASTER

ne peut manquer d'agir selon les exigences de la bienséance.

Maintenant, il reste à examiner cette question : doit-on entourer d'un ornement quelconque un bouquet de fleurs ? Ceci dépend évidemment de la destination du bouquet, et, là encore, les diverses opinions émises sont complètement opposées.

Mon opinion personnelle est que : rien n'est plus gracieux que les fleurs présentées seules, quelle que soit la forme sous laquelle on les a réunies, dans le cadre que la nature leur a fourni. Il est bon de dire qu'à cet effet la verdure donne toujours une apparence gracieuse et délicate et qu'elle rehausse l'éclat des fleurs. Les plus riches dentelles entourant une gerbe d'Orchidées ou de roses, n'augmenteraient que médiocrement sa valeur, si encore elles ne la dépréciaient pas.

Mais il est des cas où un bouquet doit être fait et encadré d'une façon particulière. Lorsqu'il s'agit, par exemple, de bouquet de mariage et de demoiselle d'honneur, un entourage soigné s'impose. Il est facile à comprendre que, dans un pareil cas, on ne peut présenter un bouquet avec une tige nue. Ce sont donc les « cornets » et écrans en étoffe et dentelle ou en papier plus ou moins riche qui forment le complément de ces bouquets selon leur valeur.

Quoique les généralités que je viens de développer ne fassent pas loi, on en rencontrera fréquemment l'application dans les chapitres suivants, où nous allons examiner les remarquables et artistiques créations des fleuristes parisiens.

CHAPITRE V

DES GARNITURES DE VESTIBULE, SALON ET BOUDOIR

Vestibule. — Salon et boudoir. — Ornementation des cheminées et consoles. — Garniture des meubles.

L'ornementation florale des appartements est une obligation pour la maîtresse de maison qui reçoit beaucoup, surtout aujourd'hui que les fleurs naturelles sont devenues les ornements modernes remplaçant les fleurs artificielles. Et, dans ce sens, une pièce sera d'autant mieux décorée que les plantes et les fleurs ne seront pas trop tassées, mais disposées avec goût sur les meubles et que, de l'ensemble, se dégagera un caractère élégant.

Les garnitures temporaires de vestibule se font avec de grandes plantes vertes. On orne, parfois, de grands vases avec des gerbes de fleurs coupées. Pour dissimuler les murs ou les parties disgracieuses, la décoration se fait en « rideau ». C'est une garniture allant jusqu'au plafond et très étroite du pied ; les pots sont disposés les uns sur les autres, pour ne pas perdre de place en largeur et penchés en avant, afin que la belle face des plantes soit mise en évidence. Pour le fond, on utilise surtout les végétaux d'orangerie et les arbustes verts de plein air.

En pratique, on commence par placer les plantes de derrière qu'on surélève, si besoin est, sur des supports ou sur des pots renversés; d'autres, plus petites, diminuant par gradation, sont ensuite posées, et on termine par le rang des plus basses, en bordure, parmi lesquelles on entremêle des plantes à fleurs. A l'intérieur et à différentes hauteurs, on suspend des plantes fleuries ou on monte des camélias et d'autres fleurs à l'extrémité des rameaux. L'ensemble gagnera à ce que, de ce fond, quelques frondes de Palmier s'élancent gracieusement.

Au bas de l'escalier, on fait, bien souvent, un massif adossé des deux côtés. Au milleu de celui-ci, on met de fortes plantes : Palmiers, *Dracæna* qui peuvent être suréle-vées au besoin sur des supports. Le bas est garni de plantes vertes variées, et l'avant, par des végétaux à beau feuillage ou à fleurs.

Quand l'escalier est suffisamment large, on fait des garnitures d'angle ou une rampe de fleurs.

Dans ces différents cas, on mousse le dessus et le devant des pots pour les dissimuler; la bordure est également moussée verticalement, et, pour qu'elle ne se démonte pas, on place généralement une galerie en rotin qui la retient. Dans le salon et le boudoir, les garnitures étant sensiblement les mêmes, tant aux encoignures qu'aux endroits libres, nous n'en parlerons pas en particulier.

Souvent, on encadre les panneaux de guirlandes fleuries, ou bien celles-ci serpentent le long du mur. Du fronton

Fig. 7. — VASE ORNÉ DE FLEURS

des fenêtres partent aussi des guirlandes. Enfin les lustres, les candélabres sont ornés de fleurs ou de guirlandes piquées de petits bouquets.

On garnit, le plus souvent, les consoles et cheminées, et on pose des plantes ou des corbeilles de fleurs sur les meubles.

La console sera artistement décorée, si, de chaque côté, on met des plantes suffisamment hautes, semblant encadrer la glace et diminuant graduellement en formant un cintre concave au milieu, de manière à ce que, si une personne se mire, elle ne soit nullement gênée. A cet effet, on place des plantes au feuillage léger de chaque côté, des Palmiers, par exemple, puis d'autres plus petites au milieu : Fougères, Crotons, *Dracæna*, *Cucurligo*, *Anthurium*, etc., que l'on penche en avant. Les plantes fleuries et celles à feuillage vert ou coloré sont mélangées sans ordre apparent. Si l'on a des Orchidées en fleurs, elles feront toujours bon effet au milieu ou en bordure, placées en évidence.

La console est bordée de petites plantes à feuillage ou à fleurs : Sélaginelles, *Adiantum*, Primevères, Cyclamens, Tulipes, Jacinthes et bien d'autres, selon la saison ; puis on mousse le tout.

L'ornementation d'une cheminée est assez variable. Dans bien des cas, on se trouve en présence d'une pendule et de deux candélabres qu'il n'y a qu'à encadrer sans les dissimuler à l'aide de petites plantes à fleurs et à feuillage. S'il y a des vases sur la console ou la cheminée, on les garnit de quelques fleurs légères, disposées en gerbe (fig. 8); les fleurs d'Orchidées et d'*Anthurium* sont toujours gracieuses. Dans les deux cas, on place, derrière la pendule, des

plantes assez élevées et, pour former fond aux candélabres, on pose, derrière eux, un joli *Kentia*. Sur le rang
du devant, on dispose quelques mignonnes plantes fleu-

Fig. 8. — GARNITURE D'UNE CONSOLE

ries et à rameaux sarmenteux, ou bien encore on fait
une garniture en tapis avec des plantes basses, d'où émergent les vases. Si les pots gênent pour permettre
d'arranger le tout convenablement, on dépote les plantes
et on entoure les mottes de mousse fraîche.

Quand une cheminée style Henri IV est dépourvue de candélabres, on encadre la glace par deux grandes plantes, puis par d'autres diminuant de hauteur en se rapprochant de la pendule, comme pour la console (fig. 9). La mousse vient dissimuler les parties disgracieuses. Ou bien encore on met, de chaque côté, un vase que surmonte une gerbe « façade » et la cheminée est ornée de plantes basses. On en garnit le devant en « rideau », dont les plantes du fond, assez hautes, atteignent le dessus. Ce sont généralement des arbustes de plein air qui servent de fond et qu'on surélève, si besoin est, sur des pots renversés; sur le devant, on met d'autres plantes de serre à feuillage ; Crotons, Palmiers, *Dracæna*, *Pandanus*, *Maranta* et des fleurs de saison, qu'on penche légèrement en avant ; la bordure est formée de toutes petites plantes basses. Parmi ces plantes, on en suspend quelques-unes fleuries ou curieuses, surtout certaines Broméliacées; lors de leur floraison, on monte aussi des camélias ; puis on mousse et on fixe une bordure en rotin. Cette garniture se fait ou droite ou bombée dans le milieu, mais les extrémités du haut doivent toujours rejoindre les montants de la cheminée. Quand cette ornementation est permanente, on la fait dans un bac en zinc, en suivant les mêmes principes, mais en serrant moins les plantes.

La garniture des meubles constitue un sujet inépuisable, car l'ornementation varie avec les goûts personnels, aussi ne donnerai-je qu'un exemple, en supposant que l'on soit au mois de mai. Sur un guéridon, nous poserons un gentil panier en osier doré dans lequel, parmi de gracieuses frondes de Fougères, s'étaleront de captivantes fleurs d'Orchidées.

Le piano supportera un vase composé de fleurs

et feuilles coupées : lis, *Anthurium*, thyrses de lilas, asperge plumeuse et Fougères. A côté, une mignonne corbeille d'osier sera ornée de *Caladium* du Brésil et de petites Clé-

Fig. 9. — GARNITURE D'UNE CONSOLE.

matites ; çà et là, une fleur d'*Anthemis Étoile d'or*. Dans un angle, nous placerons, sur un pied, un panier étagé dont la base sera parée de plantes à feuillage : Crotons, Fougères,

Asparagus, et, le cornet du haut, d'un Phœnix au milieu, puis des Azalées, *Clivia*, *Hortensia* et *Ophiopogon*.

Un panier en bambou trouvera sa place sur une colonne. Nous l'ornementerons de quelques beaux nœuds de ruban rouge et de *Cocos*, *Dracæna*, Crotons, Fougères, et les rameaux du *Cissus discolor* contourneront gracieusement l'anse. Un pied en bambou doré, enlacé de longs rameaux d'Asperge plumeuse, servira de support à une mignonne bourriche rustique, dont la garniture intérieure sera un tapis de réséda d'où s'élanceront en gerbe des œillets ou des roses.

S'il nous reste un meuble, un *Dracæna*, dans un cache-pot orné d'un nœud jaune, ou un *Araucaria*, dont la tige sera contournée par un ruban rouge, en formera le complément. Enfin, la place d'un beau *Latania* est marquée dans un des angles de la pièce.

Ainsi décoré, le salon sera magnifique; il pourrait certainement y avoir moins d'objets. On peut de même leur substituer soit des vases ornés de fleurs, soit, si on le préfère, des vanneries plus fantaisistes comme forme : bateau, brouette, corne d'abondance, et bien d'autres encore que l'industrie parisienne sait si bien innover.

M. Georges Duruy a des aptitudes spéciales pour dépeindre ce qu'il a vu, et les fleurs l'attirent toujours. Il est facile de voir comme il les connaît, comme il sait les étudier dans leurs diverses phases, apprécier une décoration de fleurs et en parler :

« Dans de longs vases de cristal, des boules de neige dressent orgueilleusement leurs têtes blanches, comme celles des marquises d'autrefois, qui les regardent; sur un guéridon, est posé un bouquet d'anémones, fleurs éphémères et gracieuses, écloses d'hier, déjà lasses de vivre. » Ces fleurs ne peuvent vivre longtemps ; à peine durent-elles quelques jours, et déjà « les pâles anémones achèvent de mourir dans leur vase et mêlent leur petite âme timide de fleurs presque sans parfum à l'âme impérieuse des jacinthes, triomphalement éparse dans la chaude atmosphère du boudoir. Les boules de neige, à demi-pâmées, ne peuvent plus soutenir le poids de leurs têtes rondes, qui se penchent et semblent prêtes à tomber, comme de gros flocons suspendus au milieu du feuillage. »

CHAPITRE VI

DES GARNITURES DE SALLE A MANGER

Les fleurs chez les Romains. — Le surtout de table. —
La corbeille familiale. — La corbeille jardinière. —
Les bouts de table. — La corbeille élevée. — Tables
vergers. — Corbeille de fleurs et de fruits. — Cor-
beille à pans coupés. — Décoration champêtre. —
Garnitures de tables à l'Exposition internationale de
Paris. — Guirlandes fleuries. — La table d'honneur
à l'Élysée. — Concours de garnitures de table. —
Compotiers de fruits.

Depuis les temps les plus reculés, la décoration florale
des tables est l'accompagnement nécessaire d'un dîner
quelque peu choisi. Et à l'heure où l'on dîne, de la villa
de campagne, du simple appartement des faubourgs à
l'hôtel somptueux des quartiers cosmopolites, les tables
sont fleuries.

Les Romains, malgré leurs habitudes guerrières, s'offraient ce luxe qui semblait les changer de milieu et
donner un autre cours à leurs pensées. Muret, dans son
traité *Des festins*, nous dit qu'ils recouvraient la table de

Fig. 10. — GARNITURE FLORALE D'UNE TABLE

pétales de fleurs odoriférantes et se ceignaient de couronnes de feuillages et de fleurs.

L'antique garniture de table, qui était l'apanage des privilégiés de la fortune, est devenue un usage constant chez les moins fortunés, tout en se répandant dans les classes plus inférieures. Dans les dîners d'apparat, la garniture de table est luxueusement belle et la facture du fleuriste entre parfois en ligne de compte pour quelques milliers de francs. De là, une industrie spéciale de la fleur coupée. Mais bien des goûts sont plus modestes et se contentent du « simple surtout [1] » de table garni des fleurs de la saison.

Il faut bien se dire que si, dans cette ornementation, les fantaisies sont permises, le bon sens et un goût inné doivent pondérer celles qui seraient par trop extravagantes; il faut tenir compte de la commodité du service qui doit les maintenir dans de justes limites.

Le moins qu'on puisse faire comme garniture, c'est de placer sur la table quelques potées de plantes fleuries ou à feuillage dans d'élégants cache-pots.

Viennent ensuite, pour les dîners intimes, la coupe ou le plat d'argent, garni très bas avec des roses, œillets, Fougères. On peut improviser un joli « surtout », particulièrement pour une petite table. Sur un mignon plateau, on pose un verre à champagne dont on garnit le pied de mousse humide; dans celle-ci, on pique quelques fines fleurs et quelques feuilles de Fougère en laissant apercevoir le verre discrètement. Dans ce dernier, on compose une élégante gerbe de fleurs légères.

[1] Corbeille de milieu.

Les « surtouts » sont des plus variables, comme forme et comme fabrication; dans ce genre, on a tout innové, tout essayé, tout abandonné et tout recommencé : la mode naît, vit, passe, s'oublie et reparaît. Ces objets sont, le plus souvent, assortis avec le service de table ; les modèles ne se comptent plus, depuis le simple surtout de rotin jusqu'à la riche corbeille à pans coupés Louis XVI, et, toujours, on en créée de nouveaux. La corbeille ordinaire qu'on trouve parfois surannée est cependant bien employée parce qu'on peut la varier à l'infini dans sa forme comme dans sa composition.

Il ne faut pas oublier la classique corbeille « familiale » dont on garnit les anses de jolis nœuds de ruban. On la compose d'un petit nombre de variétés de fleurs; tantôt ce sont des œillets, d'autres fois des roses, etc. La corbeille « jardinière » est identique, mais elle est ornée des fleurs variées de la saison. Dans les deux cas, feuillages et fleurs sont disposés en dôme.

La corbeille du milieu — quelle qu'elle soit — est généralement ronde ou elliptique, quelquefois carrée ou rectangulaire ou se rapprochant de ces formes. Quand la table est longue, il est d'usage de placer ordinairement un « bout de table » à chaque extrémité, rond et bas comme la corbeille centrale. On lui substitue parfois un vase en cornet qu'on garnit de fleurs coupées réunies en une gerbe ou bouquet rond sans régularité apparente. Ces cornets peuvent être en verre ou en cristal et montés sur pied de métal ou d'argent, ou encore tout à fait simples, sans aucune garniture.

Il me faut citer également la corbeille élevée sur pied, dont l'avantage est de ne pas gêner la vue des convives, comme c'est le cas lorsque les « surtouts » plats sont garnis de fleurs trop hautes. Cette corbeille peut avoir un ou plusieurs plateaux superposés et se terminer par un vase en cornet ou en coupe. Quand il y a un plateau dans le bas, on le garnit de toutes petites plantes dans lesquelles on pique des fleurs à courtes tiges, tandis que le plateau supérieur est orné de fleurs à longues tiges et de feuillages légers ; les Orchidées font toujours bon effet. Enfin, le cornet est décoré d'un bouquet rond s'élançant en panache sans aucune régularité. Selon les goûts personnels, ces ornementations se font en fleurs, en plantes ou bien encore, le plus souvent, en plantes et en fleurs mélangées.

Dans quelques maisons, on fait — et ce fut la mode il y a quelques années — des corbeilles mixtes de fleurs et de fruits. Les fruits sont posés sur de petits supports qui émergent des feuillages et des fleurs ; les grappes de raisin fixées à des galeries ou à des sarments de Vigne piqués eux-mêmes dans la corbeille. Au dessert, on choisit les fruits qui plaisent, car ils sont placés de manière à pouvoir être enlevés rapidement et aisément.

Dans certains centres, particulièrement en Angleterre, on présente, sur les tables, de petits arbres fruitiers en pots, tels que : Vignes, Pommiers, Poiriers, Pêchers, Cerisiers, etc., élevés à cet effet ; chacun, au dessert, cueille son fruit, et, quoique cela paraisse original, il n'en est pas moins vrai que cela est fort agréable pour les convives.

J'ai eu l'occasion d'admirer, ces temps derniers, une garniture fruitière de table dans un dîner que donnait un riche étranger dans ses salons de l'avenue des Champs-Élysées. Les pots contenant les arbres étaient dissimulés par une épaisseur de mousse dans laquelle avaient été piquées quelques fleurs vaporeuses qui masquaient, mais très peu, la partie inférieure des tiges de Cerisiers, de Pommiers, de Pêchers et de Groseilliers portant des fruits complètement mûrs ; quelques sujets cependant avaient été dépotés et introduits dans des poteries d'art. Ces arbres miniatures avaient été placés en une rangée double sur toute la longueur de la table et au milieu ; çà et là, quatre Vignes à longs sarments formaient un dôme ou des arcades, desquels retombaient gracieusement de magnifiques grappes de raisin. A chaque extrémité de la table, une arcade était formée par deux Pommiers en cordons portant quantité de ces petites pommes d'api-rose, si jolies. Des guirlandes fleuries, mais combien légères ! formaient des festons entre chaque arbre, sans cependant intercepter la vue ; elles se composaient d'Orchidées, de violettes et d'autres fleurs légères, et, çà et là, d'une grappe de raisin ou de glycine. Comme cet ensemble était ravissant ! Quels heureux contrastes formaient ces fruits mûrs — dont les coloris vifs se détachaient, de la plus charmante façon, des nuances si délicates et si tendres des fleurs d'Orchidées ! J'ai gardé, de cet ensemble si délicieusement exquis, le meilleur souvenir ; c'est pourquoi je fais part de mes impressions.

Il n'est pas absolument urgent de faire cette décoration avec des arbres fruitiers en pots. A défaut, au moment de la saison, on coupe des branches garnies de fruits et des sarments de Vigne — qu'on entremêle dans les corbeilles ou les vases. C'est vraiment joli et pas banal du tout.

Je vais maintenant examiner quelques garnitures récemment innovées. Elles sont du plus bel effet pour dîners de circonstance.

Dans un dîner où l'on réunit le bon goût à la simplicité, la corbeille Louis XVI à pans coupés sied très bien. On la garnit très bas et légèrement en dôme de fleurs recherchées et de légères verdures comme *Adiantum*, Selaginelles et Asperges plumeuses et tenues. A moins que la table ne soit longue, on ne met pas de « bout de table ». En cas d'urgence, ce sont deux vases ou deux corbeilles rondes s'harmonisant avec le surtout qu'on garnit en gerbe élancée pour les vases et en dôme arrondi pour les corbeilles. Les petites gerbes de corsages des dames et les bouquets de boutonnière des messieurs sont disposés sur les verres ou sur les serviettes.

Pour les dîners de noce, cette décoration est fort goûtée, mais les fleurs doivent être blanches ou légèrement rosées, et on leur adjoint, pour le surtout, quelques piquets de fleurs d'Oranger. Les bouquets de corsages et de boutonnières sont identiquement disposés et les menus sont fleuris par un encadrement de fleurs blanches avec feuillages légers, noués de moire fine pincée en papillon avec petit piquet d'Oranger à gauche.

Dans un dîner de fiançailles, la corbeille ronde Louis XIII est garnie de petits bouquets et de gerbes tout préparés, qu'au dessert la fiancée offre aux invités. Les candélabres et flambeaux sont ornés de guirlandes de fleurs et, sur la table, deux guirlandes droites sont fixées aux extrémités par deux pompons en moire.

La corbeille de petites gerbes sied également dans les dîners de famille ou de réception, ou bien on jette sur la table des poches de fleurs, des gerbes nouées de rubans pour des dames et des bouquets de boutonnière pour le sexe fort.

La décoration « champêtre », pour employer l'expression vraie, consiste à imiter, sur la table, un petit lac et un ruisseau minuscules. L'eau est simulée par des plaques de glace à contours sinueux que bordent des Lycopodes et d'autres petites plantes placées dans des jardinières minuscules ou piquées sur une guirlande moussée; des grappes d'Orchidées et d'autres fleurs semblent se baigner dans l'eau. Une décoration semblable signée E. Lion, faite pour un grand dîner parisien, fut bien admirée.

Dans le même genre, on met en œuvre le surtout d'argent à fond de glace avec petits balustres Louis XVI, lesquels sont entourés de brindilles de feuillage et de fleurs qui s'enroulent et débordent sur la nappe blanche, comme des grappes de Glycine ou d'Orchidées ; sur la glace du fond du plateau, des fleurs à longues tiges trempent dans l'eau limpide des cristaux qui laissent à la fleur son aisance, son ampleur, en constituant une décoration d'une suprême élégance.

On mousse également une grande partie de la table et, dans cette mousse, on pique des fleurs formant des dessins réguliers ou bien des groupes, qui semblent être l'effet du hasard.

Une très élégante garniture fut celle faite à l'Exposition internationale d'Horticulture de Paris en 1895; elle se composait d'une corbeille centrale et d'une autre plus petite à chaque bout de la table. Du milieu de la corbeille, partaient des tiges métalliques se ramifiant et dont les branches décrivant de sinueuses évolutions étaient agrémentées de grappes d'Orchidées piquées dans des tampons de mousse qui en suivaient les contours, le tout était entremêlé de rameaux d'*Asparagus*. La base était compo-

sée de grappes de Muguet de mai parmi lesquelles s'élançaient des spathes rouges d'*Anthurium*, des fleurs carmi-
nées de *Masdevallia* et des grappes de *Cochlioda* entremêlées de frondes d'*Adiantum* et de *Pteris* et de rameaux
d'*Asparagus*. Les petites corbeilles étaient ornées dans le
même genre. Des fleurs d'Orchidées et des rameaux d'*Asparagus*, gracieusement disséminés sur la table, formaient
avec le tout un ensemble délicieux qui a été bien admiré
de tous les visiteurs. A cette même exposition, on con-
templait une autre garniture de table faite d'un motif de
milieu et de deux « bouts de table » qu'agrémentaient des
feuilles de Sélaginelle, de *Cocos*, et des branches d'*Asparagus* formant fond à toute une série de gracieuses Orchidées qui composaient ces corbeilles. Ce qu'il y avait de
gracieux, dénotant le bon goût et le sentiment artistique
du fleuriste, c'étaient les menus ornés chacun d'une fleur
de *Cattleya* et d'un mignon rameau d'*Asparagus*.

L'ornementation d'une table en « rivière » ou « chemin
fleuri » la contournant, seul ou accompagné d'une bande
de glace étroite qui réfléchit les fleurs, est une innovation
méritante. Ces guirlandes de fleurs sont parfois entremêlées de nœuds de rubans.

Les guirlandes fleuries peuvent être également disposées en un vaste huit dont le point de croisement est la
corbeille centrale. Le milieu de chaque lacet est parfois
occupé par les « bouts de table ». Ou bien encore ces
chaînes de fleurs décrivent des méandres plus ou moins
réguliers. Ces guirlandes, qui sont d'une rare élégance et
d'un cachet particulier, ont l'avantage précieux de ne point
gêner la vue des convives.

Les plateaux en argenterie sont parfois ornés uniquement de violettes de Parme montées séparément; les bouquets de corsages et de boutonnières sont également composés des mêmes fleurs dont le coloris tranche bien sur celui de l'argenterie, ce qui constitue une décoration exquise, point banale et harmonieusement légère et discrète.

Quelquefois aussi, mais plus rarement, on recouvre entièrement la nappe de fleurs, en ne laissant que juste la place des objets de service, innovation dénotant bien le goût et les excentricités exotiques et les conséquences du cosmopolitisme. Cela a l'inconvénient d'être gênant pour les convives; certaines personnes, et avec raison, ne trouvent pas cette garniture de bon goût.

Ce qu'on fait beaucoup actuellement, ce sont les gerbes plates et simples qu'on place et qu'on épingle sur la table méthodiquement devant chaque personne. On dissémine aussi, parfois, sur la nappe et sans ordre, des fleurs coupées sans aucune préparation ou encore de petits bouquets.

La décoration de la table d'honneur au palais de l'Élysée, au dîner offert aux souverains russes par M. Félix Faure, était magnifique et très originale. Le dessus était très sobrement mais richement garni d'un luxueux surtout orné d'Orchidées, au centre, et de quelques gerbes; une guirlande de fleurs serpentait en dessin régulier sur le bord opposé à celui où étaient disposés les couverts; les compotiers de fruits étaient superbes. Mais il n'y avait pas que le dessus de garni et c'est précisément ce qui était remarquable. Tout autour, était disposée une guirlande fleurie qui retombait élégamment en feston formant des demi-cercles et se relevait à des distances régulières par une attaché avec nœud de ruban. Dans chaque vide, était épinglé un petit bouquet.

Les lustres étaient également ornés de guirlandes, de même que celles-ci encadraient les panneaux et formaient girandole à la partie supérieure. Des groupes de plantes étaient savamment placés dans les angles.

La décoration, plus spéciale, de la salle à manger, des lustres et des panneaux, est identique à celle des salons. On trouvera ces renseignements au chapitre spécial.

Il nous faut citer cette garniture originale consistant à offrir à chaque couple qui doit se trouver dans un dîner une fleur qu'on met au corsage ou à la boutonnière, ce qui permet à chaque monsieur de reconnaître la dame qu'il doit conduire à table où chaque place est marquée par un bouquet des mêmes fleurs.

Un jour de réception, dans un grand palais, la société se partageait par groupes de fleurs représentées ; les tables étaient de douze couverts ; chacune avait une présidente qui vous ralliait à la fleur qu'elle portait ; cette fleur était portée à la ceinture, les cavaliers la mettaient à la boutonnière. On était invité à la table des roses, ou à la table des violettes, ou à celle des camélias.

Il est de mode, actuellement, en Angleterre, d'orner les tables et les appartements, exclusivement avec des fleurs de la saison ; ce sont des roses seules ou bien uniquement des dahlias, ou bien encore des chrysanthèmes ; avec ces derniers, on utilise parfois des aigrettes plumeuses de clématite qui forment le fond de la garniture.

Non moins originale est l'idée qu'a eue le directeur d'un grand hôtel dans l'Engadine d'organiser des concours de garnitures de table. Ses hôtes vont cueillir, le matin du concours, des fleurs dans la montagne et les disposent selon leur goût sur des tables. Leur travail est ensuite jugé.

Enfin, il n'est pas jusqu'aux compotiers de fruits qui n'aient leur cachet et leur utilisation ; certains sont même exclusivement composés de fruits d'apparat. Les fruits sont, le plus souvent, disposés en pyramide ; parfois les sarments de Vigne portant des grappes de raisin, sont piqués dans des cônes moussés à cet effet.

Voilà déjà bien des manières de décorer une table, et ce n'est pas tout si l'on considère ce qu'on innove journellement et ce qui n'est que peu pratiqué, ce qui se fait en maison bourgeoise sans l'aide du fleuriste, et dont je parlerai dans un chapitre spécial.

CHAPITRE VII

LES FLEURS SUR LES BALCONS ET SUR LES FENÊTRES

**Les fleurs chez les ouvriers.
Distribution de plantes. — Jardinière de fenêtre.
Vérandas.**

Les fleurs sont tellement aimées à Paris qu'il est peu de fenêtres qui n'en recèlent quelques-unes et c'est dans les quartiers ouvriers qu'elles sont le plus nombreuses. Les fenêtres des mansardes disparaissent sous la verdure qui apporte un rayon de gaieté à l'intérieur. Pour le pauvre travailleur, des plantes et des fleurs sur la fenêtre, quel trésor ! C'est pour lui un monde de mystère et de tendresse. Depuis le pot de Basilic qu'on voit dans l'échoppe du cordonnier, jusqu'à la potée de Violette ou de Réséda, toutes étalent leurs brillants coloris ou remplissent l'air de leurs suaves parfums. « Rien n'est plus poétique et plus charmant que ces parterres de fleurs aériens qu'un verre d'eau arrose. »

Comment les architectes ne sont-ils pas plus soucieux d'orner les maisons des villes de balcons suffisamment larges où l'on puisse cultiver de nombreuses fleurs? Combien pourtant serait jolie une rue de Paris ainsi fleurie ! On ne saurait trop recommander d'orner ainsi les balcons et les fenêtres ; cette éclosion aérienne de fleurs est charmante.

Dans quelques pays étrangers, l'amour des fleurs est développé à ce point qu'on a organisé des concours de « fenêtres et de balcons fleuris ». En France, à Lille, on a fait distribuer des boutures aux ouvriers en leur indiquant le mode de culture. C'est une bonne chose et il serait à désirer qu'il en fût ainsi dans notre grande cité parisienne. Ne pourrait-on pas, par exemple, donner aux ouvriers les plantes qui sont en trop pour l'ornement des squares? Elles seraient toujours les bienvenues.

Toutes les garnitures de fenêtres et de balcons, sont faciles à faire. Il suffit pour cela d'un peu de goût. Sur l'appui d'une fenêtre, on dispose quelques plantes assez basses pour ne pas gêner la vue; d'un vase placé sur le côté, une plante volubile tapissera le montant de la fenêtre, en couronnera le faîte et retombera ensuite gracieusement. Les Capucines, Volubilis, Jasmin, Cobée grimpante, Vigne-vierge, conviennent admirablement pour cet usage. En face de chez moi, l'année dernière, une fenêtre était garnie littéralement par une Cobée qui, grâce à une ficelle, était arrivée à l'étage supérieur et avait de nouveau entouré une autre fenêtre de son gai feuillage et de ses fleurs bleues. C'est par centaines qu'on pourrait citer ces exemples dans Paris. Bien plus, dans les ruelles étroites, des ficelles garnies de ces plantes relient les maisons, et, en même temps, les amitiés, et la Cobée semble véritablement prédestinée à cet emploi.

On peut aussi fixer dans l'encadrement des fenêtres des pots appliques qu'on garnit de plantes sarmenteuses.

Mais, de tout, il est préférable d'avoir une jardinière de fenêtre, qu'on orne de plantes de plein air chaque printemps et d'arbustes rustiques à feuillage pour l'hiver, ou, si on préfère, de plantes fleuries; mais, dans ce cas, elle doit servir de garniture d'appartement.

On trouve, dans le commerce, ces jardinières sous les formes les plus diverses : en métal, en bois, en terre cuite, en faïence, en porcelaine, en bois avec les parois recouvertes de liège brut ; les cache-pots et les appliques sont aussi faits dans le même genre.

Pour la garniture d'une jardinière de fenêtre, on place en bordure, des plantes à r meaux pendants qui retombent à travers les balustres ; de chaque côté, une plante grimpante garnit l'encadrement de la fenêtre, et, sur le devant, sont plantés des végétaux variés ; parmi ceux-ci on n'omettra pas d'en placer quelques-uns à fleurs odorantes.

Sur les balcons et les terrasses, on place contre la balustrade des jardinières que l'on garnit comme celle des fenêtres. On peut former une tonnelle avec quelques plantes sarmenteuses ; on fixe des appliques contre le mur qu'on garnit avec de jolies plantes.

On fabrique maintenant de petites serres portatives et des serres-fenêtres fixes, dans lesquelles les plantes délicates se plaisent très bien et fleurissent admirablement.

Il nous faut dire un mot du groupement des plantes dans les vérandas et les serres-salons, qui sont le complément de toute habitation luxueuse. Certaines de ces serres sont d'une grande richesse ; ce ne sont que dorures, glaces, t entures, objets de prix et statues; elles sont un lieu de repos lors des réceptions et des fêtes d'hiver.

Pour l'arrangement de ces plantes, le sentiment artistique doit guider le décorateur. Les fortes plantes sont placées sur des colonnes, les autres dans des jardinières. Les colonnades sont garnies de plantes grimpantes ; dans les encoignures on fait des groupes de plantes à feuillage et à fleurs en évitant de les serrer.

Les plantes des serres-salons et des vérandas ne peuvent se maintenir toujours en bon état, si l'on n'a pas d'autres serres pour remiser les plantes malades et en préparer d'autres pour la floraison. Il faut, au cas contraire, en acheter pour remplacer celles qui se fanent, surtout au moment des réceptions, ou bien souvent aussi, on garnit le dessus des bacs.

Les divers groupes de plantes varient de formes selon l'aménagement du lieu et les objets qu'on veut faire valoir.

CHAPITRE VIII

LES FLEURS POUR FÊTES ET PRÉSENTS

Les présents de Noël et du nouvel An. — Les corbeilles de fleurs. — Les corbeilles de plantes. — Les gerbes et bouquets.

Depuis plusieurs années, avec une prodigieuse rapidité, l'usage de présenter des fleurs dans maintes circonstances de la vie s'est implanté dans nos mœurs et est désormais consacré.

Aussi, quand janvier approche, le rêve des modestes et la joie des heureux élus de la fortune est d'avoir leurs appartements ornés de fleurs et de plantes pour les fêtes de Noël et du jour de l'An. Les moins fortunés se paient le luxe d'un bouquet ou d'un rameau de gui porte-bonheur.

Les fleuristes sont surmenés et font des affaires d'or à cette époque; leurs employés chargés des livraisons ne suffisent même plus, à la grande joie des malheureux

qui stationnent devant les magasins, qui sont parfois
chargés de porter ces précieux fardeaux, et que l'espoir du
pourboire qui les attend rend plus. alertes. Les montres
des fleuristes sont resplendissantes pendant cette période ;
le passant affairé, marchant vite, et la jeune femme frileu-
sement emmitoufflée de fourrures, s'arrêtent éblouis

Fig. 11. — OEUF FLEURI

devant ces fresques gigantesques et parfumées révélant
une éclosion quasi-spontanée de jolies mais bien coû-
teuses fleurs que l'industrie suburbaine sait si bien produire.

Les bouquetières des rues, plus modestes, offrent aux
filles de Jenny les quelques fleurettes qu'elles porteront
au corsage. Car, avec les baraques du jour de l'an, qui
envahissent les boulevards parisiens et les premiers flocons
de neige, s'installent à demeure les bouquetières ambu-

lantes dont les étalages odorants, véritables monceaux de feuillages et de fleurs, sont éclairés le soir d'une lumière falote.

Comme cadeau de Noël on offre : des paniers de Jacinthes, des bourriches de Muguets, des sabots garnis de velours, de rubans et de Cyclamens, de petits fagots fleuris de narcisses et de violettes, des crèches remplies de roses, de petites

Fig. 12. — CADEAU DE PAQUES FLEURI

chaumières, dont la brillantine qui recouvre le toit simule la neige, et desquelles s'élancent des œillets et des panaches de *Mimosa* et mille autres choses plus charmantes les unes que les autres.

Puis viennent les étrennes fleuries ; il est d'usage de donner, comme présent, des objets d'art en bronze, en porcelaine ou en terre cuite, des vases du Japon ou d'Orient garnis de roses, de lis, de boules de neige, de spathes d'*Anthurium,* d'œillets, ou de branches aux bractées fulgurantes du *Poinsettia.* Les paniers en bambou sont

Fig. 13. — CORBEILLE DE PLANTES ET DE FLEURS.

très goûtés ; les branches sont contournées par des bandes de velours vieux rose, parmi lesquelles serpentent gracieusement les élégants et frêles rameaux d'*Asparagus.*

Parfois on drape des étoffes riches et de jolis rubans autour des paniers jonchés de muguet, duquel émergent discrètement des bouffées de tulle.

Les feuillages sont en honneur pendant cette période et, parmi ceux-ci celui du Gui, cette plante parasite et druidique, est peut-être le plus employé : c'est la fleur de Noël par excellence. Les exquises et subtiles parisiennes en encadrent les glaces, les lustres et les cheminées et en garnissent les corbeilles de tables et les jardinières en les entremêlant de rameaux garnis des fruits de corail du Houx.

Pâques arrive ensuite avec ses œufs fleuris (fig. 11 et 12), drapés de dentelle avec discrets nœuds de rubans, et les corbeilles jonchées de tubéreuses et de roses.

Aux anniversaires et aux jours de fête, on offre le traditionnel bouquet rond ou l'élégante gerbe. Ce qui est surtout apprécié, ce sont les corbeilles et vanneries garnies de plantes en mottes, plantes à feuillage, l'été et l'automne, et plantes à fleurs, l'hiver et le printemps (fig. 13 et 14). On offre aussi, bien souvent, le panier rond orné de plantes à feuillage et de fleurs coupées, qui servira ensuite de corbeille de table. Cette mode, qui date d'une quinzaine d'années, de donner comme présent des corbeilles et des plantes est une bonne chose, en ce sens que les plantes à feuillage, si elles sont soignées convenablement en tant qu'arrosages, bassinages et aération, peuvent durer très longtemps en bon état. Les plantes à fleurs se conservent d'autant plus qu'elles ne sont pas soumises à de brusques transitions et qu'elles sont dans leur époque normale de floraison ou s'en rapprochent.

Bien souvent, les corbeilles composées de plusieurs

plantes sont remplacées par une seule et belle plante,
dont le pot est dissimulé par un élégant cache-pot avec
nœud de ruban sur le côté, à l'anse ou aux poignées s'il

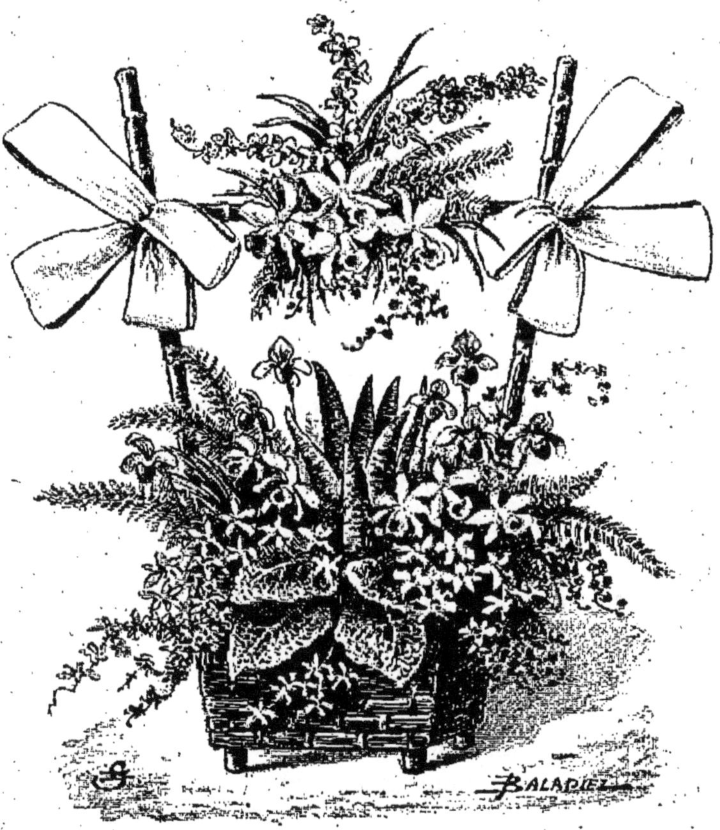

Fig. 14. — CORBEILLE DE PLANTES ET D'ORCHIDÉES.

en est muni. Parfois, comme pour les *Araucaria*, on contourne la tige d'un ruban, en faisant un nœud de place
en place. L'envoi plus modeste consiste en la plante seule,

sans aucune garniture, livrée à domicile par le fleuriste ou
l'horticulteur.

Les bouquets, les gerbes principalement sont encore
en honneur, mais on tend à leur substituer les corbeilles
de plantes et de fleurs. Cependant, les gerbes constituent
de bien gracieux présents ; les plus admirées sont les
gerbes composées de fleurs à longues tiges ; elles ont, du
reste, plus de valeur ; leur forme ne diffère pas de celles
dont j'ai déjà parlé ; très souvent, elles ne sont entourées
que d'une simple grande feuille de papier blanc.

Cet usage, sans cesse croissant, de présenter ainsi des
plantes et des fleurs dans maintes circonstances de la
vie, équivaut aux autres présents et les surpasse même.
Est-il rien, en effet, de plus gracieux que ces Noëls et ces
étrennes fleuries, qu'une jolie potée de cyclamen, qu'un
dracæna tout enrubanné ? Rien, évidemment, et rien autre
chose que les fleurs n'interprète d'une façon aussi discrète et aussi éloquente la pensée de la personne qui fait
le cadeau.

Ces fêtes, qui sont un prétexte de réunion pour les
parents et amis, sont mieux animées par la présence des
fleurs. Pour le héros de la fête, elles perpétuent ce moment heureux mais bien court, d'étreinte passionnée,
affectueuse ou amicale ; elles semblent lui sourire et
lui dire : « Viens, nous aussi nous sommes tes amies » ;
et leur voix consolante du souvenir lui parle encore
longtemps, bien longtemps après, dans leurs corolles em-
baumées.

Les fleurs vont sourire à l'exilé le jour de sa fête, et, en
aspirant leur parfum, il semble entendre les cloches de son
village ou le refrain d'une mélodie qu'on lui chantait dans

son enfance. Il croit un moment sentir les brises de la terre natale :

> Dans un petit bouquet de fleurs
> De sa province !

Elles sont les fleurs de souvenir et d'espérance et il pleure à la vue des messagères du pays !...

CHAPITRE IX

LES FLEURS DANS LES BALS ET LES SOIRÉES

**Dans la coiffure. — Bouquets de corsage.
Guirlandes fleuries. — Bouquets de boutonnière.
Bouquets et fantaisies pour cotillon.**

La plus jolie toilette serait incomplète si les fleurs n'en formaient pas l'accompagnement et la plus fraîche des parures. Si, maintenant, on ne porte que rarement un bouquet à la main pour aller au bal ou en soirée, par contre, le bouquet de corsage et la coiffure sont le complément indispensable d'une jolie toilette ; ils sont toujours à la mode et on leur associe parfois l'éventail fleuri d'Orchidées ou de muguet, de roses et de lilas (fig. 17 et 18). Conçoit-on une fête, une soirée ou un bal sans fleurs, les gracieuses invitées sans bouquets de corsage ? Le bouquet est plus que l'éventail, il précède les dames et leur sert de maintien, tout en étant le motif des plus doux propos. Il est leur confident et leur interprète discret : aussi avec quelle grâce se parent-elles de fleurs et avec quelle aménité en reçoivent-elles un bouquet pour un bal paré !

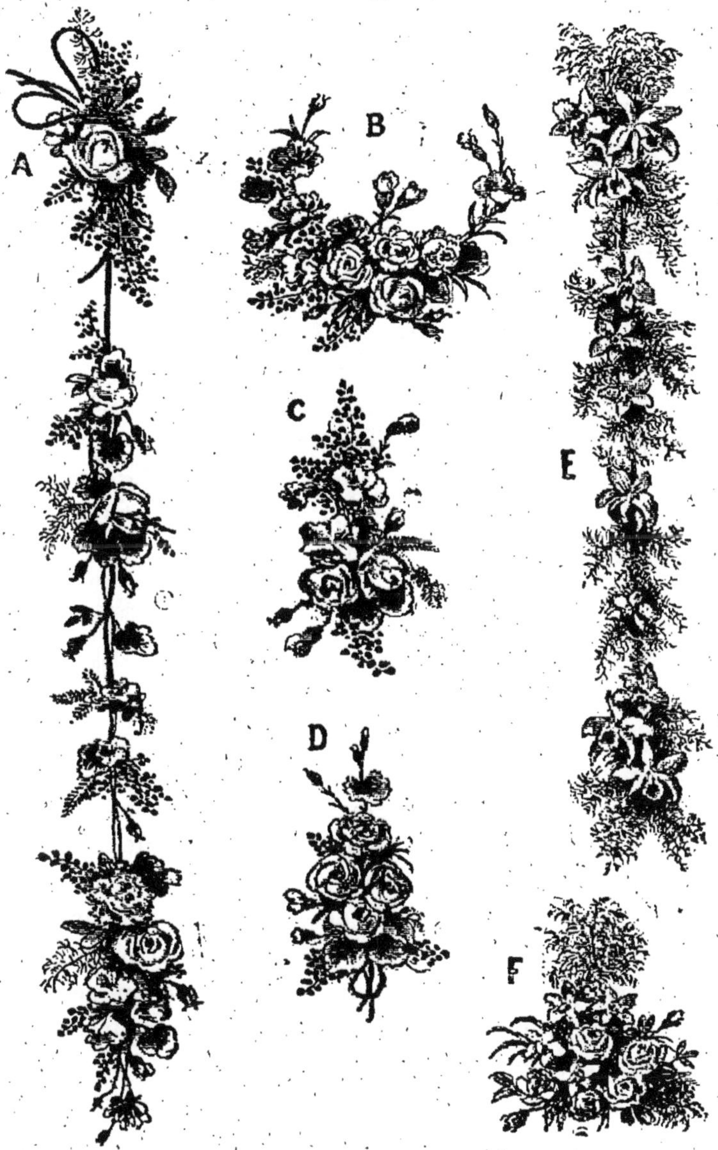

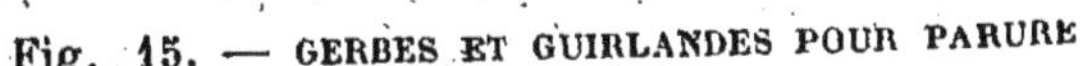

Fig. 15. — GERBES ET GUIRLANDES POUR PARURE

A E. Quilles guirlandes pour jupe; C D. Gerbes pour corsage;
B. Bouquet d'épaule; F. Bouquet pyramidal pour la coiffure..

Nous avons vu comment on ornait les salons, mais s'il s'agit d'une réception de fiançailles, cela ne suffit plus et les lustres eux-mêmes sont garnis de guirlandes de fleurs blanches qui serpentent en capricieux méandres autour

Fig. 16. — GERBE DE CORSAGE

des becs, des appliques et des lustres. Pour une réception de contrat, on joint discrètement quelques fleurs d'oranger, formant « fusée » au milieu d'une bouffée de tulle aux extrémités libres des guirlandes. On voit rarement dans d'autres cas, — sauf aux fêtes officielles [1] —, de pareilles garnitures qui sont d'un luxe inouï. Depuis l'entrée, on trouve des haies et des tentures de verdure qui se continuent du vestibule aux différents salons en offrant une succession des fleurs les plus belles.

Réduite à sa plus simple expression, la coiffure fleurie consiste en une fleur qu'on fixe dans les cheveux. Le plus

[1] Voir le chapitre XI.

souvent, on fait une aigrette pyramidale « empire » (fig. 15) en fleurs légères ou en Orchidées, à laquelle on adjoint

Fig. 17. — ÉVENTAIL FLEURI

parfois un panache de plumes ou une pierre précieuse qui scintille à la lumière.

On compose aussi, comme une petite couronne en fleurs
fines, un bouquet rond, une gerbe, qu'on place au milieu

Fig. 18. — ÉVENTAIL FLEURI

des cheveux ou sur un côté. La mode était, il y a quelques
années, de deux guirlandes en petites fleurs légères retom-

Fig. 19 et 20.—BOUQUETS DE BOUTONNIÈRE D'ŒILLETS ET DE VIOLETTES

bant en chute sur la nuque. Le collier de velours, sur

lequel on fixe un « élancé » ou une « fusée » de muguet,
ou bien encore une « frise » de violette ou une fleur d'Orchidée, sied admirablement à un joli cou blanc.]

Les bouquets de corsage sont très variables comme

Fig. 21. — CORNET POUR COTILLON

formes. L'aigrette pyramidale qu'on attache sur l'épaule
semble être à la mode. La guirlande de fleurs est très portée et s'attache en travers sur le corsage; on lui substitue
parfois une grappe d'*Odontoglossum* ou de *Cœlogyne* accom-
gnée d'un rameau d'*Asparagus*. Certaines personnes

aiment à porter le bouquet à la ceinture; on le fait, dans ce cas, soit en gerbe, soit en touffe ou bouquet rond, et en fleurs résistantes; dans le premier cas, on le fixe par un nœud ou un flot de ruban assorti à la toilette. L'épaulette fleurie (B fig. 15) se porte parfois, les fleurs retombent sur le bras nu, ce qui est très élégant.

Les fleurs du bal sont des fleurs sacrifiées, pauvres victimes des fêtes joyeuses! — elles entourent les cheveux de la jeune fille d'une fraîche guirlande et s'épanouissent sur son sein; mais, à la fin du bal, elles ne tiennent plus à ses cheveux, elles tombent de la ceinture, elles sont foulées aux pieds, et le lendemain un valet les ramasse et les jette dans la rue. Prenez garde, jeunes filles! — fleurs vivantes du monde, parures animées des bals : un jour peut-être le monde aussi vous dédaignera comme il dédaigne les fleurs fanées.

Parfois, on donne à un bal le nom d'une fleur, et c'est naturellement cette fleur qui domine; les jeunes filles la portent au corsage, les messieurs à la boutonnière; l'appartement lui-même est orné avec les fleurs du jour. Il y a ainsi le bal des violettes, le bal des roses, le bal des orchidées, le bal des œillets.

Pour une soirée, pour le théâtre, en dépit des préjugés, les boutonnières s'ornent et s'embellissent d'un *Gardenia* ou d'une rose qu'agrémente leur feuillage, d'une fleur ou d'un piquet de trois fleurs *d'Odontoglossum*, rehaussé d'une fronde de capillaire, d'un *Cattleya* avec un peu de verdure, toujours porté par la haute fashion. On affectionne à Paris la boutonnière et le bouquet de violettes de Parme (fig. 20). En ce moment le gros œillet (fig. 19) — fleur factice de l'œillet de Kent — et le gros bleuet sont très goûtés du dandy et se portent beaucoup pour la toilette de ville et parfois pour la soirée ou le théâtre.

Fig. 22. — ÉCRAN POUR COTILLON

Certains élégants changent même plusieurs fois de boutonnière par jour : le matin, c'est le bouquet de violettes,

Fig. 23. — PALETTE FLEURIE

que le trottin de la fleuriste est venue apporter; l'après-midi, pour le Bois ou le club, l'œillet, le bleuet, la rose rouge ou soufrée ; le soir, pour l'Opéra, le théâtre ou une soirée, le *Gardenia*, le *Camelia*, la rose blanche : toutes fleurs que commandent l'habit noir, le gilet et la cravate blanche ; ou bien l'Orchidée, qui règne actuellement en souveraine maîtresse.

Les bouquets et les fantaisies de cotillon sont faits en rapport avec les accessoires.

Toutefois, ce qu'on voit le plus, ce sont : les petites gerbes, les cornets, les mignonnes vanneries, argentées ou dorées, dans le genre de celles qui entrent dans les garnitures de salons ou de celles que l'on offre comme présent. On les orne de fleurs légères, d'une même variété ou mélangées, et l'on fait un nœud de ruban ou bien on fixe un petit oiseau sur l'anse.

L'écran doré est très goûté (fig. 22) ; on le garnit d'une petite gerbe de fleurs d'un côté et d'un nœud de ruban sur l'autre face ; il sert en même temps d'éventail. La brouette minuscule remplie de fleurs, les hochets, petites glaces, chevalets, aumônières et bourses, etc., sont des objets qui, décorés de quelques fleurs, ont leur valeur et sont très appréciés. Les cannes dorées ou argentées sont généralement surmontées d'un piquet de fleurs avec un oiseau ou un papillon et un flot de ruban.

CHAPITRE X

LES FLEURS AUX FIANÇAILLES ET AUX MARIAGES

Cadeau de fiançailles. — Bouquet de mariée. — Bouquet
et bourse de demoiselle d'honneur. — Ornementation
des voitures et bicyclettes.

Ce sont les fleurs qui constituent le premier présent de
fiançailles et ce sont elles qu'un jeune homme de tact et
d'esprit élevé ne doit pas manquer d'offrir, car, dans leur
gaieté muette, elles scellent les liens les plus sacrés. Ces
fleurs doivent être choisies pour la circonstance, et si leur
disposition élégante décèle l'artiste, leur choix judicieux
révèle l'homme de bon sens.

Le premier envoi d'un fiancé, adopté par la mode, est
la corbeille « Tosca » ornée de dentelle, de moire ou de
satin blanc et garnie de plantes à fleurs blanches, en pots,
pour que la durée n'en soit pas éphémère. Ces fleurs sont
celles de la saison : jacinthes, gardénias, roses, lis, œillets, lilas, tubéreuses et bien d'autres qu'un goût exquis
doit choisir. Cette corbeille n'est pas exclusive et on lui

7

en préfère parfois d'autres, qu'on garnit d'étoffes de prix.

L'usage d'offrir journellement une gerbe de fleurs se passe ; mais on substitue parfois à la corbeille précitée des boules et des œufs fleuris, des boîtes garnies de fleurs et contenant des bijoux. Les présents et les gerbes composés de fleurs d'Orchidées, de nuance pâle, qui semblent être de mode, sont très goûtés.

Le deuxième envoi consiste en une gerbe de fleurs blanches présentée dans une potiche qui est entourée de rubans blancs formant ceinture, sur un pan desquels sont imprimées les initiales de la demoiselle.

Les envois sont plus modestes selon les moyens, et on offre souvent l'éventail fleuri d'une mignonne gerbe ; la bourse fleurie ; la « gerbe jardinière » de fleurs blanches nouée de ruban ottoman blanc ou flot de satin, ou la gerbe pyramidale « Trianon » sur canne enrubannée jusqu'au bas. La garniture des salons de réception le jour des fiançailles se fait luxueusement en fleurs blanches ou rose pâle. Les candélabres, lustres, fenêtres, encadrements de glaces sont garnis de guirlandes avec flot de ruban ou de tulle.

Le bouquet de la mariée est, le plus souvent, conique, forme « pomme de pin » (fig. 24). On le compose de boutons d'Oranger montés sur feuilles de Pervenche avec discrète verdure d'*Adiantum*, auxquels on ajoute parfois quelques Orchidées ou des roses blanches. Les bouquets plus modestes sont composés de fleurs blanches variées, auxquelles on joint quelques boutons d'Oranger.

La base du bouquet est entourée d'un cornet en satin ou en soie avec dentelle retombante et flot de ruban ; à la dentelle, on substitue parfois le mouchoir en vraie den-

telle dont les quatre pointes retombent gracieusement ;
après la cérémonie, on peut l'enlever, car il constitue un
joli cadeau.

La coiffure de la mariée se fait en forme de diadème,
rarement en fleurs naturelles dont l'odeur incommode

Fig. 24. — BOUQUET DE MARIÉE

trop ; mais on ajoute parfois quelques boutons naturels
à l'Oranger artificiel. Le piquet de corsage est constitué
par une mignonne gerbe de boutons d'Oranger. La mode
semble pencher actuellement du côté de la quille-guir-

lande en Oranger naturel allant de la ceinture au bas de la jupe, et qui supprime le bouquet de corsage. Comme, en ce moment, on porte des manches « ballon », on les retient par un petit piquet d'Oranger.

Le bouquet de demoiselle d'honneur (fig. 25) se fait de même forme que celui de la mariée, avec des fleurs blanches ou légèrement rosées et on le garnit de satin et soie, qu'on assortit parfois à la couleur de la toilette, ou encore du mouchoir de dentelle précité. A Paris, il est d'usage d'avoir plusieurs demoiselles d'honneur ; à chacune on offre un bouquet semblable.

Il y a une tendance à vouloir substituer la bourse (fig. 27) ou l'aumônière fleurie (fig. 26) au bouquet. C'est préférable pour la demoiselle d'honneur qui a déjà bien d'autres choses à porter. L'aumônière est attachée à la ceinture et la bourse n'est portée qu'à l'église et seulement pour quêter. Ces deux objets sont en étoffe blanche ou bien assortis à la couleur de la robe ; la bourse est un peu évasée ; toutes deux, afin d'être élégantes, sont en velours, en soie ou en satin avec flot de ruban ou de dentelles. La garniture florale se compose d'une grappe d'Orchidées, ou d'une guirlande de fleurs posée en travers d'un piquet de fleur, sur l'anse s'il y en a une. On l'enlève après la cérémonie, et la bourse constitue un souvenir.

Dans certaines contrées, les invités portent le bouquet de boutonnière, pour se rendre à la mairie et à l'office.

On a trop abusé des fleurs pour la décoration de la voiture nuptiale. Certains fleuristes mettaient des fleurs d'Oranger et d'autres fleurs odorantes partout, ce qui incommodait les invités. Cette ornementation est maintenant

faite plus rationnellement. Si la vitrine du devant est constituée par deux glaces on place deux gerbes en face des
vitres; elles se relient en une seule et cachent ainsi le

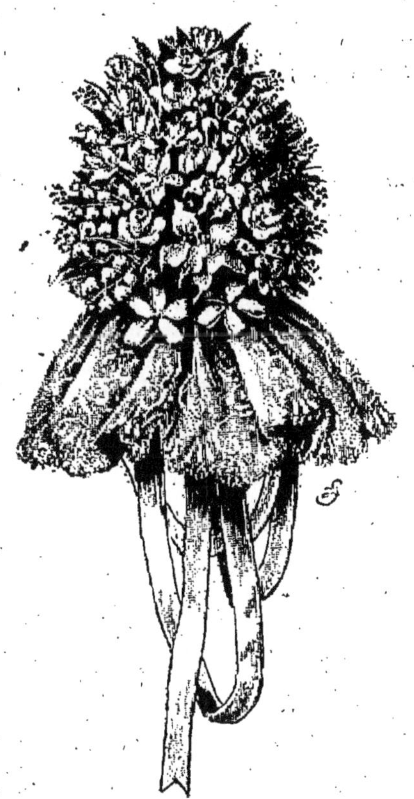

Fig. 25. — BOUQUET DE DEMOISELLE D'HONNEUR

dos du cocher. S'il n'y a qu'une glace, on fait une gerbe au
milieu, toujours en fleurs blanches. On encadre quelquefois cette glace d'une guirlande de fleurs.

Le cocher porte un bouquet d'oranger à la boutonnière

et on fixe un piquet d'oranger avec flot de ruban à l'œillère des chevaux ainsi qu'au fouet.

Si la bicyclette doit désormais, dans certaines noces, remplacer la voiture nuptiale, comme cela a eu lieu cette année à Marseille, il va sans dire qu'elle devra être ornée de fleurs pour la circonstance. Dans ce cas, de légères

AUMÔNIÈRE FLEURIE

guirlandes composées de longs rameaux d'Asperge tenue, de boutons et de fleurs d'Oranger et d'autres fleurs fines, contourneront le guidon, les montants du guidon et les montants du cadre de la bicyclette ou du tandem ; elles peuvent être fixées, soit par des coques de satin ou de soie, avec piquets de fleurs d'Oranger. Le bouquet que la mariée ne peut porter à la main peut être attaché au guidon; il peut en être de même des bouquets des demoiselles d'honneur, si elles adoptent ce moyen fin de siècle, de locomotion; du reste, leur bicyclette ne saurait non plus rester sans garniture.

Mais alors, la quille-guirlande peut être avantageuse-

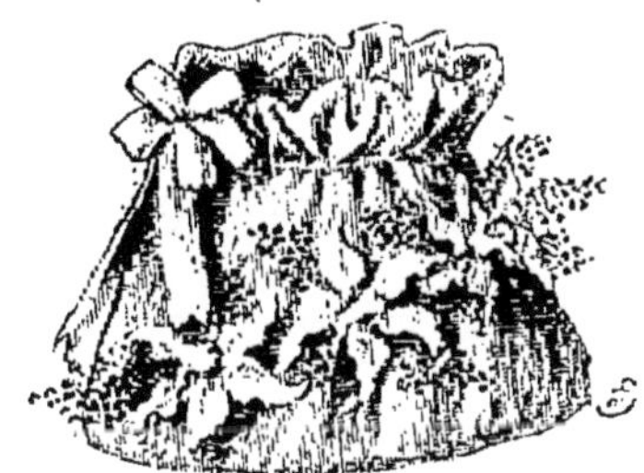

Fig. 27. — BOURSE FLEURIE

ment remplacée par une gerbe ou un bouquet rond fixé à la ceinture. Le voile, qui ne peut plus être porté long, sera retenu par un piquet d'Oranger. Les demoiselles d'honneur et les autres invitées pourront également porter un bouquet à la ceinture. Enfin, les hommes arboreront le bouquet de boutonnière qui sied très bien pour cette cérémonie, même avec la culotte courte.

Dans certaines noces, on offre, le soir, un piquet d'Oranger à chaque invité, remplaçant ainsi les objets qui sont ordinairement distribués.

CHAPITRE XI

LES FLEURS DANS LES LIEUX PUBLICS

Aux fêtes officielles. — Aux fêtes et distributions de prix. — Aux fêtes de charité. — Fêtes des fleurs. — Au carnaval et à la mi-carême. — Ornementation de voitures et bicyclettes. — Dans les expositions. — Concours de bouquets. — Dans les théâtres et concerts. — Dans les hôpitaux. — Dans la vie militaire.

Quel que soit le luxe d'une fête, elle ne sera réussie qu'autant que les fleurs en seront le principal ornement ; c'est ce que partout on a compris et voilà pourquoi nous admirons des merveilles. Nous en avons vu de luxueux exemples aux fêtes organisées en 1893 en l'honneur de l'escadre russe rendant visite à la France, et, plus récemment encore, aux fêtes qui ont eu lieu en octobre 1896 lors de la réception de Leurs Majestés l'Empereur et l'Impératrice de Russie. Des milliers de fleurs et de plantes ont été dispersées à l'intérieur et à l'extérieur des palais où se rendaient les nobles Souverains.

Pour les fêtes officielles, on fait des garnitures considérables. Celles du Palais de l'Élysée, de l'Opéra, de l'Hôtel de Ville, sont toujours d'une très grande richesse et renommées à juste titre.

Ce sont des charretées de plantes qu'on emploie. Bien souvent de très gros Sapins forment des massifs de dimensions colossales, surtout quand ils doivent masquer certains objets. Le fleuriste de la Ville de Paris, seul, met annuellement en mouvement 80,000 plantes environ pour les garnitures lors des réceptions officielles ou des fêtes de bienfaisance, à l'Hôtel de Ville ou dans les ministères. Ces chiffres pourtant importants ne comprennent pas les plantes que les horticulteurs-décorateurs emploient pour ces mêmes fêtes et le tout réuni ne représente encore qu'un nombre infime comparativement à ce qui sort de chez les fleuristes pour les décorations, lors des fêtes, dîners et bals particuliers.

Quand les invités doivent traverser une cour, ou que celle-ci est convertie en cour d'honneur, on fait de vrais massifs de plantes vertes et fleuries, tout comme s'il s'agissait d'une ornementation permanente. On l'encadre de parterres ; les escaliers, et les marquises constituent autant de dômes de verdure ; les palmes de *Phœnix* et d'autres Palmiers s'entrelacent en formant une succession d'arcades ravissantes. On va même plus loin ; et, comme c'était le cas dans la cour de l'Ambassade de Russie au moment des fêtes franco-russes, on fait des guirlandes de plantes sarmenteuses qui serpentent le long des murs et s'enlacent aux becs de gaz.

Quand les garnitures intérieures sont importantes, on adjoint aux plantes de serre d'autres végétaux d'orangérie et des arbustes à feuillage persistant de plein air formant fond et desquels s'élancent les frondaisons des Fougères et des Palmiers. Certains fleuristes emploient même à cet effet des branches de Sapin qui leur sont d'une très grande utilité, quand ils doivent faire des garnitures « en rideau ».

Dans les vestibules on dispose des plantes vertes en grands massifs, dans lesquels on dissémine des plantes fleuries et que l'on borde de gazon plaqué, tout comme s'il s'agissait de massifs d'exposition. Le décorateur, s'il est habile, transforme rapidement une pièce où rien n'était agréable en vrai jardin. Que de magnifiques choses j'ai admirées en visitant l'Hôtel de Ville de Paris, où resplendissaient de jolies galeries de plantes exotiques, lors de la réception par la municipalité parisienne de l'amiral Avelan et de ses officiers ! Entre autres cette immense salle où était disposé un orchestre, et qui avait été transformée, en quelques jours, en un élégant et luxueux jardin d'hiver, avec de fortes plantes qui semblaient avoir poussé là depuis bon nombre d'années.

En 1896, la cour d'honneur de ce même Hôtel de Ville avait également été transformée en un immense et féerique jardin d'hiver, aux parterres remplis de fleurs éclatantes, Chrysanthèmes, *Anthurium*, etc. Des rochers rustiques avaient été construits, et d'où s'élançaient de merveilleuses fleurs d'Orchidées dans un ruissellement d'eau lumineuse ; partout étaient échelonnées des statues qui émergeaient des plantes vertes et fleuries les plus rares et formaient un ensemble d'une beauté inouïe. C'est de ce jardin d'hiver que partait l'escalier monumental construit à cet effet et conduisant au premier étage, et le long

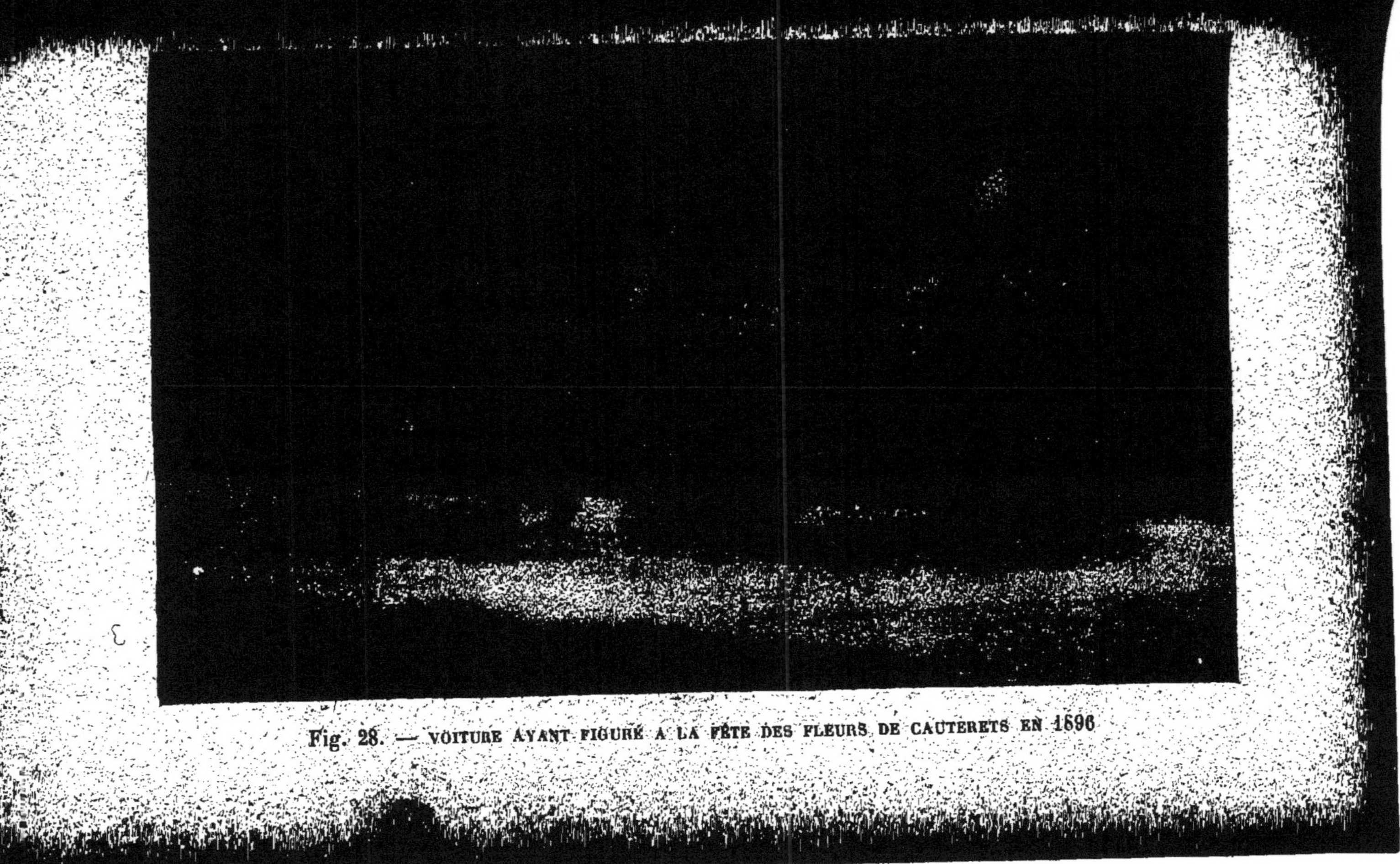

Fig. 28. — VOITURE AYANT FIGURÉ A LA FÊTE DES FLEURS DE CAUTERETS EN 1896

duquel était échelonnée une bordure fleurie formant jardinière, avec des plantes à feuillage et à fleurs, du milieu desquelles s'élançaient des plantes plus hautes et plus grêles.

Dans les circonstances ordinaires, on décore les salons, salles à manger, vestibules, tout comme on le fait dans les maisons particulières. Mais lorsqu'une fête est donnée en l'honneur d'un personnage de marque, les garnitures sont plus grandioses. Pour en donner une idée, je reproduis ce que j'ai écrit dans « Le Jardin », des décorations artistiques du Palais de Versailles, lors de la visite des souverains russes.

La tente élevée à l'entrée du château, était drapée de velours et ornée de girandoles électriques dont les pieds étaient dissimulés par des plantes à feuillage : *Cocos flexuosa*, *Chamærops*, *Latania*, entremêlées de plantes fleuries : Chrysanthèmes, Asters, Primevères. Les angles offraient la même garniture et les piliers étaient réunis par de gaies et légères guirlandes de *Myrsiphyllum asparagoides*.

Le vestibule d'honneur était ravissant ; les plantes fleuries : *Canna Reine Charlotte*, *Erica gracilis*, Chrysanthèmes, formaient la note dominante ; la statue de Louis XIV se détachait sur un fond de : *Cocos flexuosa*, *C. campestris*, *Kentia* et plantes fleuries.

L'escalier d'honneur était entièrement garni de très fortes plantes : *Phœnix*, *Chamærops*, *Rhapis* et *Latania*; ces groupes de végétaux étaient sertis d'une bordure de Primevères et d'Œillets sur fond de Chrysanthèmes roses. Les baies et les fenêtres de l'escalier étaient en partie dissimulées par des : *Kentia* et des *Cocos flexuosa* qui émergeaient d'un soubassement de plantes fleuries : *Bouvardia* et *Aster*.

La grande galerie des Glaces offrait une décoration splendide et particulièrement originale. Quatorze grands lustres étaient suspendus à des chaînes de 8 mètres que contournaient des guirlandes naturelles de *Myrsiphyllum asparagoides* piquées d'un bouquet de fleurs tous les $0^m 15$. Du fronton de chaque encadrement partaient deux guirlandes de *Myrsiphyllum*, qui descendaient en feston, au centre du portique, pour se relever en formant embrasse à l'intersection des montants verticaux de l'encadrement et du cintre et retomber ensuite gracieusement. Ces guirlandes étaient piquées de bouquets tous les 15 centimètres et retenues aux frontons et aux embrasses par des gerbes de roses et de lilas. Des girandoles et pendentifs garnissaient également les pilastres. Trois mille bouquets avaient été utilisés pour la galerie des Glaces ! L'effet en était merveilleux et grandiose.

Une partie de la galerie des Batailles, transformée en salon, avait été l'objet d'une très riche décoration. Entre les panneaux des Gobelins, on avait composé de magnifiques corbeilles de jolies plantes, s'élevant jusqu'à $2^m 50$ de haut : *Croton le Tzar*, *C. Andreanum*, *Ophiopogon*, *Dracæna*, Chrysanthèmes. Au centre, on remarquait, dans un vase de Sèvres, une délicieuse composition d'Orchidées et, aux extrémités, sur deux pilastres élevés, deux splendides *Latania* de 4 mètres de hauteur formant un un fond et entourés de fleurs de *Bouvardia*, *Cyclamen* et Œillets.

Les consoles des grands appartements royaux étaient décorées de *Cattleya*, *Odontoglossum grande*, *O. crispum*,

OEillet blanc, *Adiantum*, *Asparagus*, *Bouvardia*. La plupart de ces consoles ont 2ᵐ 50 de long sur 1ᵐ de large.

Une Vénus couchée était entourée d'un massif d'*Asparagus* et d'*Adiantum*, duquel émergeaient des *Cattleya Alexandræ* et *C. labiata*, *Oncidium Weltoni*, *Bouvardia Primy Beauty* et *Alfred Neuner*.

Le salon de la Paix était remarquable par la garniture d'angle qui se réflétait dans les glaces : *Areca Baueri* de 6ᵐ de haut sur fond de *Kentia*, *Cocos flexuosa*, *Bouvardia*, *Croton*; remarqué un spécimen de *Bougainvillea glabra*.

Dans les appartements du Président de la République, tous les vases étaient ornés de bouquets confectionnés avec des spathes d'*Anthurium carneum*, *A. Andreanum*, *Cattleya*, *Cypripedium* et frondes de Fougères. Sur les tables, étaient disposées des Orchidées : *Aerides Ræbellenii*, *Cattleya labiata*, *Cypripedium*, *Cocos Weddeliana*, *Phœnix rupicola*.

Les petits appartements de la reine Marie-Antoinette étaient réservés à Mᵐᵉ F. Faure; on en avait garni toutes les consoles, dont deux surtout étaient remarquables : sur un fond d'*Adiantum cuneatum* et d'*Asparagus tenuissimus* se détachaient de forts *Cattleya labiata* encadrés d'*Odontoglossum grande* et surmontés d'*Oncidium Rogersii*. Les cheminées étaient ornées d'*Æchmea fulgens* et de Fougères. Sur les tables et dans les angles, on voyait des : *Croton Andreanum*, *Cocos Weddeliana* de deux mètres, *Phœnix hybrida*, *Geonoma Scottiana*.

La statue équestre de Louis XIV, qui se trouve dans la salle des gardes, était flanquée d'un massif de Chysanthèmes, *Erica*, *Canna*, *Primula*, *Cocos Weddeliana* et *Asparagus*.

Dans le salon de l'OEil-de-Bœuf, deux fenêtres étaient

masquées par de forts *Latania*, *Kentia*, *Geonoma*, Chrysanthèmes et autres plantes fleuries.

Le salon d'Hercule, disposé pour la représentation de
gala, offrait un coup d'œil féérique. La scène était séparée
de la salle par une rampe d'Œillets, Primevères et plantes
à feuillage. La garniture de cheminée était éblouissante,
grâce à de riches Orchidées ; au premier plan, au centre
et aux angles, nombreux *Cypripedium Charlesworthi* ; un
peu en arrière et à divers plans, des : *Cattleya labiata, C.
aurea, Odontoglossum grande* et nombre d'autres riches
et rares Orchidées ; au dernier plan, des *Oncidium Rogersii*
lançaient onduleusement dans l'espace leurs longues
grappes composées de milliers de fleurettes, qui s'incli-
naient au centre.

Dans le grand salon Louis XV, destiné à l'Impératrice,
deux consoles étaient surmontées de vases de Sèvres,
desquels s'élançaient des gerbes de : *Cypripedium Spice-
rianum, Odontoglossum, Asparagus Sprengeri* et *A. plumosus* ;
la cheminée offrait la même décoration ; le tout se détachait sur un fond de Sélaginelles et d'*Adiantum*, parsemé
de fleurs diverses, et contourné par des guirlandes
d'*Asparagus Sprengeri* piquées de roses, relevées et attachées
par des pendentifs. Un petit cabinet de toilette était
exclusivement orné de roses *La France* et *Maréchal Niel*,
violettes de Parme, toutes fleurs aimées de l'Impératrice ;
le lustre était enjolivé de pendentifs faits avec des *Cattleya
Bowringiana*.

Le salon des Lustres, réservé à l'Empereur, avait cinq
tables littéralement garnies de : *Croton le Tzar*, Broméliacées fleuries, *Caladium, Pandanus Veitchii, Cocos Weddeliana ;* les vases de Sèvres étaient surmontés de gerbes

en *Odontoglossum*, Lilas, *Cattleya*, roses, etc. Le dessus de la cheminée était dissimulé par des plantes à feuillage basses, et des Orchidées. Statues, pendules, lustres, tout était orné dans le même genre, ainsi que la salle de la Bibliothèque où se tenaient les officiers.

Les garnitures des locaux pour fêtes et distributions de prix sont proportionnellement les mêmes que celles que l'on fait dans les grandes maisons.

Les fleurs, créées pour tout le monde, sont inhérentes aux fêtes de charité. Elles rendent service aux malheureux par le produit qu'on en retire et sont une recréation pour les gens aisés. Les fleurs sont souvent vendues par petits bouquets par les personnes s'intéressant à l'œuvre. La décoration florale des locaux, où a lieu la fête, est proportionnelle au luxe déployé.

Les batailles de fleurs, qui sont devenues une coutume à Nice et à Paris, ont lieu à Nice au moment du carnaval et à Paris quand la saison mondaine bat son plein. A Nice, longtemps avant la fête des fleurs, les champions se préparent, retiennent les fleurs qui leur sont nécessaires, car c'est à qui aura la voiture la mieux garnie.

Les voitures de tous genres sont, le jour de la fête, littéralement couvertes de fleurs, giroflées, jacinthes, narcisses, œillets, violettes, mimosa, feuilles de Fougères, de Palmiers, etc. Elles sont en même temps bondées des projectiles les plus divers confectionnés avec des fleurs : petits bouquets, éventails, écrans, et mignons paniers fleuris, que, tout à l'heure, on se jettera. Les dames ne manquent pas de compléter leur toilette par des fleurs.

Dans les tribunes, ce ne sont que monceaux de projectiles fleuris qu'on lance au passage des voitures, à pleines mains, et que la riposte vous rend en une avalanche, en une envolée de pétales : c'est une véritable ondée de fleurs, et le sol en reste jonché !

A Paris, la fête des fleurs précède de huit jours le grand prix ; elle a lieu au Bois de Boulogne le samedi et le dimanche. Les bénéfices de cette fête sont destinés à une œuvre de charité et versés dans la caisse des Victimes du devoir. Elle a généralement du succès, les fleuristes font de bonnes affaires, et les bouquetières au panier, qui abondent aux abords du Bois, réalisent quelques bénéfices.

Bien des villes mondaines ont suivi l'exemple donné par Nice et Paris : Cannes, Trouville, Cauterets et bien d'autres ont maintenant leur fête des fleurs.

Les fleurs font également leur apparition aux fêtes du carnaval. Nice nous en a donné de remarquables exemples. Les bicyclettes étaient ornées de fleurs naturelles, qui en enguirlandaient le cadre ; des corbeilles fleuries étaient placées sur les guidons, et des bouquets ainsi que des gerbes piquaient les corsages d'une note gaie. N'est-ce pas plus délicieusement joli que les orages de confettis et les traînées en volutes des serpentins ?

Les fleurs naturelles n'ont pas non plus été oubliées dans le cortège de la cavalcade de la mi-carême du 25 mars 1897, à Paris. Un landau découvert en était complètement jonché. En avant et en arrière était de vastes gerbes de lilas, roses, camélias, etc. Une guirlande contournait la voiture, jusque par-dessus la portière, et sur cette dernière des bouquets étaient fixés. Les rayons des roues disparaissaient également sous les fleurs, ainsi que les harnais des chevaux et le siège. Les lanternes étaient surmontées de magnifiques bouquets. Et les personnes qui occupaient ce landau portaient des bouquets à la main et des gerbes étaient piqués sur leur corsage.

Dans beaucoup de chars, on constatait avec plaisir l'emploi de plantes et de fleurs naturelles, dans leur ornementation. Les reines des marchés et des lavoirs, portaient chacune un bouquet de fleurs blanches confectionné dans le genre des bouquets de mariée, avec garniture de rubans et de dentelles. Enfin, on faisait hommage aux personnes des chars et des voitures les mieux décorés, de bouquets et de gerbes de jolies fleurs.

Cette année (1897), la fête des fleurs de Cannes, favorisée par un temps superbe, a eu un admirable succès. La foule qui se pressait sur la promenade de la Croisette admirait les voitures admirablement décorées et fleuries avec un goût exquis.

Mais il est toujours assez difficile de bien orner une voiture ; certaines ont les fleurs trop pressées les unes contre les autres, sans que les coloris se fassent valoir. Si d'aucunes sont une merveille, comme ce bateau gracieusement garni de fleurs qu'on a pu admirer à la fête des fleurs en 1895, cette voiture couverte d'Orchidées, d'iris, de tulle mauve avec gerbe d'Orchidées remplaçant chaque lanterne (fig. 29), ou bien encore cette autre, photographiée à Cauterets en 1896 (fig. 28), d'autres n'indiquent, au contraire, que la préoccupation qu'on a eu de les recouvrir complètement de fleurs, mais sans grâce. Les fleurs ne devront certainement pas être épargnées, les harnais des chevaux en seront ornés, de même que les cochers, mais il ne faut pas, pour cette raison, en faire abus.

J'ajouterai un mot au sujet de la décoration florale des bicyclettes, tandem, etc. Si ces véhicules doivent prendre

Fig. 29. — VOITURE AYANT FIGURÉ A LA FÊTE DES FLEURS DE PARIS EN 1896.

part à une fête des fleurs ou à un cortège de ce genre, il est logique qu'ils soient décorés. Une guirlande de fleurs serpentera autour du guidon et des montants du cadre. Une légère corbeille de fleurs ou une gerbe peut même être fixée à l'avant du guidon. Enfin des piquets de fleurs fines seront attachés aux rayons des roues et un bouquet rond à l'extrémité extérieure de chaque pédale ; rien ne serait plus gracieux, je crois, que l'aspect d'une discrète ornementation florale de ce genre.

Chaque année, aux floralies parisiennes — qui sont haut cotées dans le grand monde, comme étant le *Vernissage* des fleurs, — de jolies compositions florales, dues à nos fleuristes parisiens sont exposées. L'année 1896 a enregistré une heureuse innovation, en ce sens qu'on a convié les dames et les demoiselles à exposer des corbeilles, gerbes et bouquets de fleurs naturelles, confectionnées par elles. Nombre de grandes dames et de demoiselles ont exposé des objets de bon goût ; c'était un essai : il a été modeste. L'avenir nous réserve des surprises ; il y aura émulation parmi les exposants amateurs, dans ce genre de concours, et ce ne sera pas une des moindres attractions de nos expositions. Par ce fait, le culte des fleurs se développera, on verra moins de choses banales qui choquent le bon goût, et les fleuristes de profession n'y perdront pas. Peut-être, par ce fait, les jeunes filles prendront-elles des leçons d'ornementation florale, tout comme elles apprennent la peinture et la musique. Puisque, au Japon, on s'est fait une règle de l'enseigner aux jeunes personnes, pourquoi ne le ferait-on pas à Paris qui est la ville du progrès par excellence ?

Une innovation plus originale encore est celle-ci : un concours de bouquets faits sous les yeux du public à l'exposition de Cannes (1897). Les concurrents reçurent, dans un panier, préparé à l'avance, une provision équivalente de fleurs coupées variées ; ils s'installèrent, face au public, sur une table élevée formant estrade, et là, chacun isolé de ses voisins par de légers paravents, ils façonnèrent leur bouquet ou leur gerbe avec les matériaux mis à leur disposition. Le jury, composé en grande partie de dames patronesses, tenant compte du temps passé et surtout de la beauté du bouquet, procéda au classement séance tenante. Quatre concurrents (fig. 1), deux jeunes filles et deux hommes, se disputèrent les prix, dont les premiers furent attribués aux dames.

Quelques jolies scènes parisiennes sont en maintes circonstances décorées pour une représentation, d'autres le sont en permanence. Dans ce cas, on ménage, au pourtour de la scène, comme une petite jardinière qu'on garnit de plantes à fleurs ou à feuillages qui, fréquemment renouvelées, sont toujours fraîches ; parfois, une rampe de fleurs remplace cette jardinière. Les bords des loges occupées par des personnalités sont, aux représentations de gala, décorées de guirlandes de jolies fleurs ; elles sont même parfois totalement encadrées de fleurs ; dans les encoignures, on forme de petits massifs. Il y a des fleurs partout et les décors ressortent sur un éblouissement de pétales. Les vestibules, galeries et le foyer sont élégamment parés des végétaux les plus beaux et des plus gracieuses compositions.

Les jours de gala, à l'Opéra et à la Comédie-Française, les grands vestibules sont ornés avec un luxe inouï. Pendant les bals des jours gras des batailles de fleurs sont même organisées à l'Opéra.

Et si à tout cela on ajoute bouquets et gerbes d'une très

grande richesse qu'on offre aux artistes, ou aux dames du corps de ballet; les bouquets que portent les dames, les boutonnières des messieurs, on voit quelle dépense on fait de ce côté pour les fleurs. Car, il ne faut pas l'oublier, les artistes aiment qu'on leur jette des fleurs comme elles aiment à être citées par les courriéristes; les fleurs sont pour elles la gloire, le triomphe, ou, tout au moins, les prémices du succès et de la vogue! Les artistes de talent et les *Etoiles* voient leurs loges se transformer en un Eden fleuri, en une montre de fleuriste, le soir de certaines représentations et des grandes « premières »; telle Sarah Bernarhdt lorsqu'elle joue *Gismonda*, la *Dame aux Camélias* ou *Théodora*. D'autres jolies actrices et les nébuleuses à la mode se voient offrir des bourriches de réséda, des guitares enguirlandées, des paniers fleuris et des gerbes de roses, de lilas blanc et d'Orchidées, car les fleurs, dans ce cas, ne vont pas seulement au talent : elles visent souvent la beauté!

Les auteurs envoient souvent des fleurs aux interprètes de leur pièce. Ainsi, Maurice Donnay, l'auteur de la *Douloureuse*, en villégiature sur la côte d'azur pendant le mois de mars 1897, envoyait régulièrement des fleurs à Réjane, sa principale interprète; et ces fleurs variaient à chaque envoi.

Certains cafés parisiens sont également ornés de jolies jardinières et de plantes en pots, et leurs terrasses sont bordées d'arbustes en bacs au feuillage toujours vert.

Il y a quelques années, la municipalité parisienne a décidé que les plantes garniraient les hôpitaux en permanence. C'est une excellente chose car les plantes font la joie des malades. Il faut des fleurs, des fleurs partout!

Si les fleurs font partie intégrante de toutes les fêtes et en maintes circonstances de la vie civile, elles sont également présentes dans les grandes manifestations militaires.

C'est ainsi qu'au concours d'honneur de tir, en même temps que les prix qui leur sont attribués, les lauréats recoivent des bouquets qu'ils placent à l'extrémité du canon de leurs fusils, en présence du régiment rassemblé, à la tête duquel ils défilent ensuite.

Chaque année, le jour de la fête nationale et de l'anniversaire du régiment, les réfectoires sont ornés de fleurs et de verdures ; des guirlandes moussées, sur lesquelles sont piquées des fleurs, serpentent en capricieux méandres le long des murs, ou bien encadrent les peintures, les panneaux et les dessins ; on en forme une voûte ou dôme, dont le centre est occupé par une suspension fleurie ; dans les angles, on dispose de petits massifs ; on dissimule le bas des murs avec des Graminées et des Typhacées ; parfois, des faisceaux de *Thypha* alternent le long des murs avec des panoplies d'armes et de cuirasses. Enfin, des corbeilles de fleurs ornent les tables.

Ces créations sont parfois des merveilles d'ingéniosité, d'art et de goût, surtout si l'on considère qu'aucune allocation n'est affectée à ce travail. Les soldats doivent se contenter le plus souvent d'employer ce que la nature offre spontanément : les plantes et les fleurs des champs et des bois, qui ne sont pas toujours les moins belles, mais dont l'utilisation est souvent bien difficile et qui, toutes, sont récoltées par des hommes de bonne volonté. Ils ont pour toute récompense l'approbation des visiteurs et le prix qu'accorde parfois le colonel à la compagnie dont le casernement est le mieux décoré, prix qui consiste le plus souvent en une boîte de cigares, et le bon soldat français s'en réjouit.

CHAPITRE XII

LES FLEURS DANS L'ORNEMENTATION EXTÉRIEURE

Aux palais nationaux, impériaux et municipaux. — En guirlandes aux façades des maisons et des édifices publics. — Dans l'ornementation des voies publiques. — Le 1ᵉʳ Mai.

Paris nous a offert, au moment de la visite de leurs Majestés l'Empereur et l'Impératrice de Russie, de remarquables exemples d'ornementation florale extérieure. Il y a eu une véritable débauche de fleurs dans les décors faits pour cette grande manifestation du peuple français acclamant les Souverains russes.

L'utilisation des fleurs dans tous les décors constitue à présent un véritable enseignement. Je ne puis mieux faire que de reproduire en partie un article que j'ai publié dans *Le Jardin* en y ajoutant les quelques réflexions qui m'ont été suggérées par l'observation des faits.

Dans la rue Saint-Simon, que le cortège impérial devait sans cesse parcourir, on avait élevé des treillages artistiques sur lesquels serpentaient des glycines artificielles et des guirlandes de feuillage naturel piquées de fleurs. Les grands mâts étaient raccordés par d'autres guirlandes en feuilles de Chêne et de Laurier ; à une certaine hauteur, ils étaient entourés d'une corbeille de fleurs et de Palmiers ; enfin ils se terminaient chacun par une banderole en feuillage qu'on avait substituée aux oriflammes.

Au pont de la Concorde, les mâts étaient également entourés, à quelques mètres de terre, de corbeilles garnies de *Latania, Phœnix, Fuchsia, Erica,* Chrysanthèmes, Véroniques, Asters, dont les pots étaient dissimulés par des branchages de Lierre, de Laurier et par de la mousse.

Les nombreux mâts, plantés le long de la terrasse des Tuileries, étaient raccordés par plusieurs rangs de guirlandes, de feuilles de Chêne, avec des Tulipes artificielles lumineuses éclairées le soir à l'électricité, relevées alternativement tous les deux mâts et se rattachant au milieu de chaque motif central en venant entourer, extérieurement, les armes de la Ville de Paris.

Dans la rue de la Paix, des treillages en bois formant colonnade surmontée d'un portique avaient été construits ; ils étaient garnis de guirlandes de feuillage également piquées de fleurs lumineuses. Chaque montant avait sa base dissimulée par un petit massif d'arbustes, Aucuba, Fusains, etc., avec bordure de gazon.

Rue du Quatre-Septembre, on avait fait une plantation d'alignement en Epicea et Pins sylvestres, et, rue d'Arcole, une autre plantation en essences diverses.

La Préfecture de police était magnifique ; en plus des draperies, des oriflammes, des faisceaux de drapeaux et des panoplies, la façade était sillonnée de guirlandes de feuillage, de Chêne principalement, relevées par des patères et ayant des aspects différents selon qu'elles étaient au rez-de-chaussée, au second et au quatrième étage, aux balcons ou en haut des portiques. Des guirlandes fleuries étaient fixées aux appuis des fenêtres, de même que des motifs divers : couronnes de fleurs, palettes agrémentées de palmes de *Phœnix*, *Latania*, *Cycas;* ces palmes accompagnaient aussi des faisceaux de drapeaux. On remarquait également trois motifs en fleurs figurant la croix de la Légion d'honneur. Une statue en bronze, figurant une femme sauvée du feu par un pompier, était appuyée par un massif de verdure.

La gare, érigée au Ranelagh pour l'arrivée des souverains, était magnifiquement ornée. Le portail était décoré de guirlandes de fleurs et d'*Asparagus* et d'autres feuillages naturels serpentant en festons. Charmant détail : les jardiniers avaient effeuillé des roses sur les tapis où devait passer le couple impérial, et c'est sur des pétales de roses que l'Impératrice a touché, pour la première fois, le sol parisien !

Les places de l'Hôtel-de-Ville et de la République et maints autres endroits étaient également jolis sous le rapport de la décoration florale des mâts.

Nous n'approuvons guère l'idée qu'on a eue de fleurir artificiellement les Marronniers, à l'automne, avec des fleurs en papier de toutes couleurs, rappelant vaguement des fleurs de Camélias. La tentative de représenter plus ou moins fidèlement les thyrses de Marronniers était moins blâmable. Qu'on fasse franchement de l'artificiel dans la décoration des rues, mais qu'on laisse les arbres tels qu'ils sont, même dénudés de leurs feuilles !

Cependant un reporter d'un journal horticole français semble avoir trouvé cela joli, et c'est, a-t-il dit, « un hommage rendu à l'horticulture » : singulier hommage, n'éveillant qu'un vague sourire chez les gens de goût ; sophistication des fleurs naturelles ; toutes facéties disgracieuses et beautés conventionnelles et disparates qui choquent par leur dissonante association.

Enfin, une maison particulière, avenue Velasquez, près du Parc Monceau, avait sa façade littéralement fleurie : le balcon était garni de larges guirlandes de fleurs formées en grande partie de Reines-Marguerites, avec relevé en forme de nœuds à chaque rencontre des festons, nœuds composés d'*Helianthus lætiflorus*. D'un motif, au centre, s'élançaient des feuilles de Cycas et de Palmier et des frondes de Fougères. Les fenêtres offraient le même décor. Bien des maisons particulières étaient ornées dans le même genre.

Il faut louer le bon goût du peuple parisien et lui rendre hommage : même où le cortège ne devait pas passer, dans les quartiers ouvriers les plus éloignés, des guirlandes fleuries, des groupes de plantes ornaient la façade des maisons — et tout cela était dû à l'initiative privée.

Depuis Cherbourg, jusqu'au moment où ils ont quitté la France, les fleurs ont accompagné l'Empereur et l'Impératrice de Russie, des guirlandes fleuries se sont fanées aux monuments et aux maisons après le départ des nobles souverains ; elles ont été le dernier vestige, le souvenir agréable de leur visite parmi nous et c'est au milieu des fleurs que s'est affirmée de nouveau l'amitié des deux nations en présence de l'Europe attentive !

L'idée d'utiliser les fleurs dans l'ornementation des rues est très louable mais elle n'est pas récente, car, depuis les temps les plus reculés, les fleurs ont orné les voies où devait passer le cortège des fêtes religieuses, et il en est toujours ainsi dans certaines villes de province et dans les campagnes. Les livres nous disent aussi qu'au temps de la France monarchique, les maisons, les voies où devaient passer les souverains étaient ornées de fleurs. Mais leur emploi dans les manifestations officielles et populaires, ne s'était pas encore affirmé d'une façon aussi éclatante et aussi positive. Les festons de fleurs, les mâts enguirlandés de verdures remplacent avantageusement ces arcs de triomphe parfois trop massifs et qui coupent souvent les perspectives des jolies avenues. Toutefois, les arcs de triomphe, s'ils sont élancés et ne nuisent en rien à la perspective, peuvent être érigés en certains points, mais, dans ce cas, il ne faut pas oublier que les fleurs leur impriment un caractère particulièrement élégant, qu'elles en sont le complément et que leur association est toujours louable.

Ce qui était assez nouveau, à ces fêtes, c'était l'emploi des frondes de Palmier, dans la décoration des mâts, ou bien dans la formation des faisceaux de verdure sur les murs des maisons.

Les feuillages utilisés pour la confection des guirlandes étaient surtout ceux du chêne et du laurier-cerise; c'est, je crois, ceux qui conviennent le mieux, quoique les feuilles rigides du Châtaignier et d'autres végétaux pourraient également servir. Les fleurs qu'on avait piquées dans les guirlandes étaient pour la plupart des fleurs artificielles, mais elles donnaient néanmoins l'impression de fleurs naturelles. Toutefois ces dernières devraient toujours être employées de préférence quand on peut le faire.

Dans certaines provinces de France, en Picardie, dans

le Nord et dans l'Est, il existe une vieille coutume, qui fait utiliser les feuillages naissants pour les premiers jours de mai. Je crois bon d'en dire quelques mots dans ce chapitre.

Dans la nuit du 30 avril au 1er mai, ou le premier samedi de ce dernier mois, les jeunes gens ont l'habitude « de courir le mai. » Ils vont couper dans les bois d'énormes branches de feuillage, qu'ils ornent de fleurs et de rubans et fixent aux maisons des jeunes filles auxquelles ils sont sympathiques. Ils choisissent rigoureusement les essences, car chacune d'elles a sa devise et son langage : le mai devant communiquer la pensée du jeune homme.

En Provence, nous dit Abel Belmont, suivant une très ancienne coutume, on établit, le premier jour de mai, à l'entrée des rues les plus fréquentées, une sorte d'estrade ou de trône, sur lequel une jeune fille couronnée de roses et enguirlandée de feuillage et de fleurs se tient une partie de la journée. La branche de feuillage est remplacée dans cette province et dans le midi par une rose.

CHAPITRE XIII

LES FLEURS DANS LES CÉRÉMONIES RELIGIEUSES

**Pendant la semaine sainte. — Au mois de mai.
Aux jours de fêtes. — Décoration florale d'une église.
La Pentecôte chez les israélites.**

Depuis les temps les plus reculés, les fleurs sont admises dans la décoration des églises les jours des principales fêtes. Dans certaines églises, même, il y a des fleurs en permanence. Ce n'est pas seulement en France, mais partout où la religion est florissante que l'on orne les églises. Les Romains avaient pour cela un culte particuculier et ornaient les autels de guirlandes de roses et d'autres fleurs, qu'ils entremêlaient aux ornements de marbre et d'or. Espérons que, longtemps encore, elles en seront une des plus belles décorations, et comme une pieuse manifestation.

Les églises parisiennes offrent, à certaines époques de l'année, un spectacle vraiment saisissant. Pendant la semaine sainte, le jeudi et le vendredi principalement, les fidèles viennent dans les églises, apporter des fleurs qui s'amoncellent au pied des reposoirs recouvrant le tombeau du Christ.

Il faut avoir vu pendant cette période la monumentale église de la Madeleine, pour se faire une idée de l'accentuation du commerce des fleurs pendant cette période.

A l'intérieur de l'église, une chapelle ardente surmontant le tombeau du Sauveur est littéralement couverte de fleurs. Une croix de fleurs naturelles l'occupe sur toute sa longueur; entre les bras de celle-ci sont disposées d'autres croix, des couronnes, des coussins fleuris, des gerbes et des bouquets. Autour ce ne sont que grandes et belles plantes vertes formant une magnifique mais sombre garniture, sur laquelle cependant des plantes fleuries jettent une note gaie, le tout entremêlé de flambeaux et de riches tentures ; cette profusion de fleurs est surmontée d'une austère et rigide croix de bois, simplement nouée dans le haut d'une grande bande d'étoffe blanche. Toutes ces plantes et fleurs sont des dons faits par les fidèles de toutes classes.

Pendant ces deux jours, c'est par milliers que se pressent les personnes qui viennent, avec une pieuse attention, défiler dans ce sanctuaire fleuri, offrant toutes leur tribut de fleurs qu'elles déposent au pied du tombeau et qui s'amoncellent les unes près des autres. Tout le monde apporte des fleurs, les riches d'immenses gerbes, les pauvres de petits bouquets.

Autour de l'église et sous le péristyle ce ne sont qu'étalages de fleurs et bouquetières qui font des affaires d'or. Les camélias montés en bouquets sur feuillage de Pervenche se vendent en grand nombre.

Le Sacré-Cœur de Montmartre, cette gigantesque construction, a aussi ses pèlerins apportant chacun leur petit bouquet de fleurs, qu'ils déposent sur le tombeau, dans la crypte.

Pendant le mois de mai, nommé mois de Marie, la chapelle de la Vierge est ornée de fleurs en permanence. Et il en est ainsi à divers degrés dans toutes les églises parisiennes. Journellement, les jeunes filles apportent des bouquets et des plantes à feuillages ou des fleurs blanches qui décorent et couvrent parfois une partie de l'autel et des gradins. Ces fleurs et ces plantes étant toujours renouvelées, sont d'une agréable fraîcheur et apportent comme un rayon de gaieté dans l'austérité du saint lieu.

Pendant longtemps, la religion chrétienne considéra la Pentecôte comme une fête des roses. On ornait les murs de feuillages et de fleurs. De la voûte des églises, on faisait tomber une pluie de pétales. A Rome, on laissait tomber durant ce jour des roses du haut de l'église de Santa-Maria-Rotunda où le pape officiait.

Les jours des fêtes solennelles, il est bien rare que les autels ne soient pas parés de jolies fleurs. Il en est de même la veille ainsi que les jours consacrés aux saints dont le nom est porté par un grand nombre de personnes. On offre des fleurs en l'honneur ou en souvenir de celui qui porte le nom du saint — le plus souvent quand il est absent — pieux et touchant témoignage des vœux qu'on forme pour lui.

L'ornementation d'un autel ou d'une chapelle est généralement faite ainsi. Sur les gradins surmontant l'autel, on groupe des plantes à feuillage vert formant fond et, en avant, on place des plantes fleuries de la saison ; dans certaines circonstances, on ne doit employer que des végétaux à fleurs blanches. Sur le degré immédiatement au-dessus de l'autel, il est bon de joindre quelques plantes sarmenteuses qui retombent gracieusement. Les degrés de l'escalier du bas de l'autel sont également décorés. Mais les plantes sont placées de telle façon que la garniture aille en s'évasant extérieurement et converge sur les angles. Le fond est composé de fortes plantes vertes, entremêlées de plantes à fleurs. L'autel est de même garni à sa base, quand il y a possibilité, d'une rangée de plantes fleuries, et, quand il n'y a pas d'office, on peut l'orner de vases contenant les bouquets et gerbes qu'on ne manque pas d'offrir. Dans les encoignures du chœur il est facile de former des groupes élancés de plantes à feuillage et à fleurs.

Les fleurs sont d'un grand usage, dans les villages, pour les processions du Saint-Sacrement et de la Fête-Dieu. On recouvre le sol, sur le passage du cortège religieux, de feuillage parsemé de pétales de roses et de pivoines, ce qui rappelle les « jonchées de fleurs » du moyen âge. Les reposoirs sont ornés de fleurs et de feuillages ; des dômes sont formés uniquement de fleurs, et des guirlandes de mousse piquées de fleurs serpentent partout. Les autels improvisés disparaissent sous un amoncellement de bouquets que les personnes pieuses apportent pour faire bénir et qu'elles conservent ensuite religieusement. Les enfants de chœur sont couronnés de roses et d'œillets. De tous petits bébés, habillés de blanc et ceints d'une couronne fleurie, jettent des fleurs au pied des reposoirs qui se dispersent dans la fumée de l'encens. Enfin, dans certains pays, on dissimule les murs avec des rameaux feuillus, ou bien on tend des draps sur lesquels on fixe des bouquets et des guirlandes de fleurs. Les chrétiens ont perpétué cette coutume, qu'avaient adoptée les païens afin de donner plus d'éclat aux cérémonies religieuses.

Le jour de la Pentecôte « les Juifs, nous dit Abel Belmont, ont coutume d'orner leurs synagogues et les lieux où l'on lit, et même leurs maisons avec des roses et des fleurs accommodées en couronnes et festons. Aussi a-t-on donné à la Pentecôte le nom de *Pasqua rosata*, Pâques des roses. »

CHAPITRE XIV

LES FLEURS DANS LES CONVOIS FUNÈBRES

Croix et couronnes. — Coussins. — Garniture d'un char funèbre. — Les fleurs dans les cimetières.

Le culte des morts est si grand à Paris que les convois funèbres sans fleurs sont rares. Si on ne peut acheter une couronne, on offre un simple bouquet. Combien de chars funéraires garnis de petites gerbes de fleurs de quelques sous, offerts spontanément avec un élan de sincérité par les parents et amis du défunt, conduisent l'ouvrier au cimetière ! C'est la vraie preuve que les fleurs parlent toujours un langage et symbolisent avec éloquence les pensées nobles et les sentiments élevés et généreux.

On voit beaucoup de gerbes aux enterrements et surtout à ceux des enfants ; elles sont simples et confectionnées comme celles qu'on fait pour la garniture des vases.

On donne bien souvent la préférence aux gerbes plates, convenant mieux pour ces tristes circonstances, qui sont plus volumineuses que les autres et peuvent être posées à piat dans le char; elles sont parfois garnies derrière d'une feuille de Palmier ou de frondes de Cycas.

Les croix et couronnes constituent une des branches les plus importantes du métier de fleuriste. Leur grandeur et leur garniture varient avec leur valeur.

A Paris on fait les couronnes généralement rondes, rarement ovales. Elles sont garnies de fleurs par rangs circulaires qui se touchent. Le fond est généralement composé de mêmes fleurs : violettes ou mauves pour les hommes et les femmes, blanches pour les jeunes gens et les jeunes filles. Ces fleurs, disposées régulièrement en ligne sur de la verdure, sont encadrées d'autres fleurs plus élancées et de feuillage. Parfois le milieu de la couronne est composé de fleurs plus légères. Pour d'autres, telles les couronnes en Orchidées, on dispose les fleurs de façon qu'elles tranchent sur la verdure qu'on leur oppose et que l'ensemble soit léger. D'autres couronnes sont formées des fleurs du fond seulement, mais plus souvent avec un fronton dans le haut ou avec une gerbe sur le côté et parfois avec de petits piquets-gerbes se détachant çà et là de l'ensemble. La gerbe supérieure ou fronton [1] est d'autant plus volumi-

1. Le fronton, nommé aussi gerbe supérieure, est un groupement de feuillage et de fleurs, affectant généralement la forme d'un dôme rond ou elliptique, qui surmonte la couronne et s'élance au-dessus des fleurs du fond ; cette appellation a sa raison d'être, quand ce groupement est disposé à la partie supérieure de la couronne. Quand il est placé dans une autre partie, il est plus logique de le nommer : gerbe, piquet-gerbe ou jetée-guirlande, d'après sa conformation extérieure ; — ce dernier groupement n'est, en somme, qu'une dérivation du fronton proprement dit.
Certains fleuristes donnent aussi le nom de nœud à un petit piquet de fleurs longuement montées, placé au bas de la couronne, et plus particulièrement quand elle est ovale.

neux que la couronne est grande ; les fleurs et le feuillage doivent s'élancer en tous sens en dehors du fond, et une partie doit s'incliner vers le centre de la couronne ; les grappes de Glycine font très bien ainsi. Sur la gerbe, on peut « jeter » une ou plusieurs frondes de Fougères

Fig. 30. — COURONNE EN FLEURS D'ORCHIDÉES

ou des palmes de Cycas. Cette gerbe imprime à la couronne un cachet particulièrement élégant. La « jetée gerbe » ou « jetée guirlande » qui se fait dans le même genre, et en forme de croissant sur le côté, n'est pas moins originale.

Les fleurs qui composent ces gerbes et piquets-gerbes

sont plus choisies et plus variées que celles du fond et elles
se détachent d'un agréable fouillis de verdure.

Ce qui est également très joli, ce sont les palmes de
Phœnix ou de *Cycas*, avec ou sans nœud de ruban, dont on
orne le bas, le haut ou un des côtés de la couronne (fig. 30,
31 et 33), ou aussi la palme seule etée en travers de
celle-ci.

Fig. 31. — COURONNE AVEC FAISCEAU DE FRONDES DE PHOENIX
ET NŒUDS DE RUBAN.

Les couronnes et les croix composées de palmes et de
feuillages de valeur, sur lesquels on fixe des fleurs choisies, semblent être de mode dans les grandes circonstances,
Et, comme je l'écrivais dans *Le Jardin* : aux funérailles
de M. Pasteur plus qu'à celles du président Carnot se
décelait l'emploi des feuillages. Un grand nombre de cou-

ronnes étaient au moins aussi riches par la valeur des feuilles qui entrait dans leur confection que par celles des fleurs qui semblaient ne former que le complément du feuillage, ce qui n'est généralement pas le cas ordinaire.

Les couronnes faites en Allemagne sont surtout ovales, et composées de verdure fixée sur fil de fer de laquelle se détachent quelques fleurs. La couronne offerte par l'em-

Fig. 32. — COURONNE EN HORTENSIA ET FEUILLES DE PHOENIX

pereur d'Allemagne à la mémoire de Carnot (fig. 33) quoique confectionnée à Paris, accusait cette forme.

Les couronnes sont généralement ornées de rubans ou d'étoffes portant ou non des inscriptions. Ces rubans, violets ou mauves pour les hommes, sont blancs pour les jeunes gens, de couleur conventionnelle quand les couronnes sont offertes par un État ou par une ville. Celles qui sont données par une société sont généralement enrubannées aux couleurs nationales et parfois ornées de drapeaux. Les inscriptions, chiffres et armoiries sont imprimés ou collés sur ces rubans. On dispose les rubans et les étoffes tendus au travers de la couronne (fig. 30); en nœud, en bas ou sur le côté (fig. 31), comme fond dans la partie vide (fig. 32), ou drapés sur un côté (fig. 33).

On confectionne les croix d'après les mêmes principes que les couronnes, avec une jetée de fleurs ou une gerbe au croisement des bras ou un piquet à leurs extrémités. Le flot ou le nœud de ruban se dispose, le plus souvent, sur un des côtés de la gerbe centrale. Parfois on confectionne une petite croix de fleurs qu'on pose à la base du limbe d'une grande feuille de Palmier, avec un nœud de ruban.

On ne fait plus de coussin comme autrefois; on en a trop abusé; à cette époque, le coussin rond, ovale ou rectangulaire était orné de riches étoffes dessous et au-dessus d'une gerbe de fleurs naturelles.

A cet objet luxueux, on a substitué le coussin moussé qu'on compose d'un fond de fleurs basses comme pour les couronnes, d'un piquet-gerbe ou d'une jetée sur le côté ou au milieu et parfois d'un flot de ruban.

Aux grandes funérailles, les couronnes et les bouquets ne sont pas disposés sur le char même. D'autres chars spéciaux, luxueusement décorés de draperies noir et argent, traînés par plusieurs chevaux, sont affectés aux compositions florales. Ils se composent d'un socle à gradins, en forme de pyramide tronquée, sur les degrés duquel les couronnes sont posées, les plus petites ordinairement sur ceux du bas et surmontées par les quatre plus belles fixées à la partie supérieure; les bouquets et les gerbes sont placés dans les intervalles.

Pour un grand convoi, les délégations sont ordinairement précédées de leur couronne, portée par quatre
hommes, sur une civière drapée de noir et surmontée d'un
socle en forme de toit auquel on peut appuyer deux cou-

Fig. 33. — COURONNE DE FLEURS D'ORCHIDÉES ET FRONDES DE CYCAS

ronnes: une derrière, et l'autre devant. Quand il n'y a qu'une
couronne, le socle est à angle droit en arrière et oblique
en avant; c'est sur la face postérieure qu'on place parfois
l'inscription. Si la couronne est volumineuse et trop lourde,
on la met sur un char spécial que traînent des chevaux
(fig. 36), comme c'était le cas pour la couronne de la Chambre des députés aux funérailles de Carnot. Aux obsèques
plus modestes, les couronnes, croix, coussins, gerbes et

bouquets sont disposés sur le cercueil ; ou bien, les couronnes sont suspendues à la partie supérieure ou attachées aux quatre angles du corbillard et les croix sont fixées en

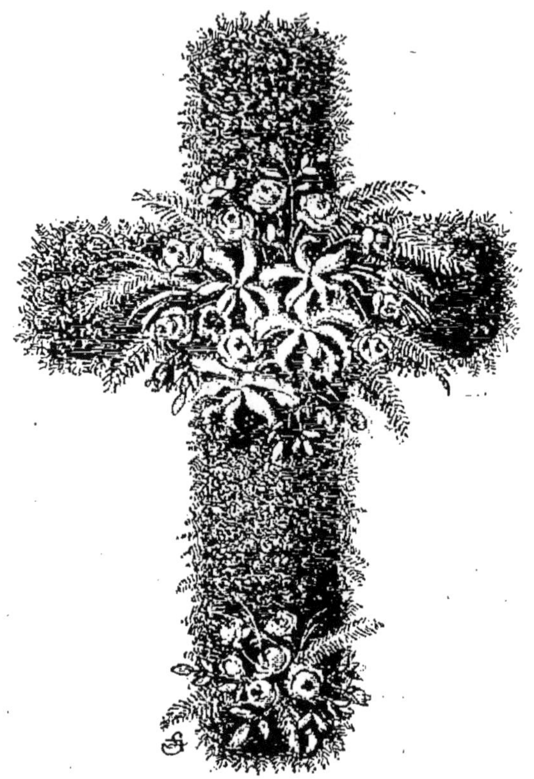

Fig. 34. — CROIX DE VIOLETTES AVEC PIQUETS D'ORCHIDÉES
ET DE ROSES

arrière et sur les côtés. Sur le marche-pied, on pose un coussin en fleurs ou une gerbe plate. J'ajouterai qu'il n'est pas rare qu'un char disparaisse sous un amoncellement de fleurs. Ce qui est imposant c'est l'enterrement d'une jeune fille où toutes les personnes du cortège portent des fleurs qu'elles jettent ensuite dans la fosse.

Il faut avoir visité un cimetière parisien pour être édifié sur le prix qu'on attache aux fleurs. Auprès de ces grandes nécropoles, ce ne sont que marchands de plantes qui en vendent beaucoup, quoique l'on en apporte en

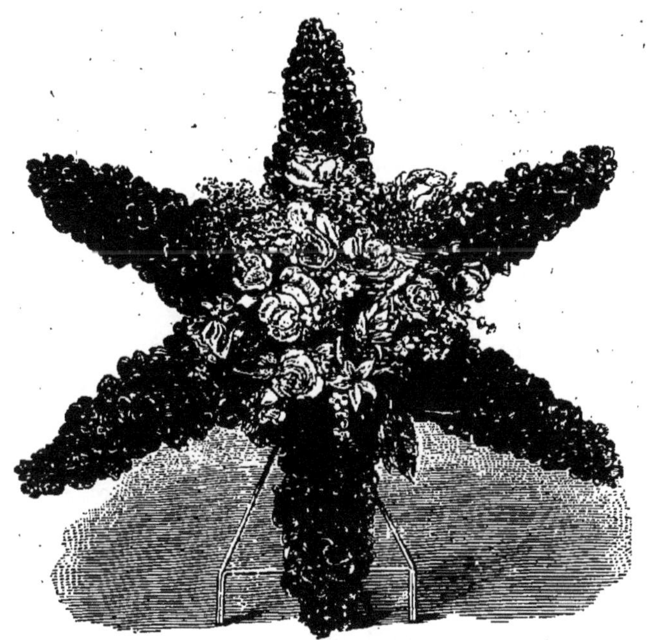

Fig. 35. — ÉTOILE EN FLEURS

quantité de l'intérieur de Paris, comme tribut à ceux qui ne sont plus. Combien de petits bouquets de deux sous sont offerts avec un élan admirable par des gens qui ne peuvent faire davantage !

Combien de fois la veuve et la mère de famille se contentent d'un maigre repas pour apporter un bouquet à celui qu'elles pleurent ! Combien de fois aussi la femme pauvre, n'ayant pas d'argent pour acheter des fleurs, en soustrait quelques-unes à la tombe voisine pour que celle de son mari ou de son enfant n'en soit pas dépourvue !

Mais, où ces manifestations deviennent imposantes, c'est la veille de certaines fêtes, aux anniversaires, et surtout quand, le premier novembre, les cloches sonnent la fête des morts ; c'est une véritable avalanche de fleurs : roses, chrysanthèmes et immortelles, qu'on apporte pour la fête de ceux qui dorment dans les champs de repos.

Tout le monde s'associe à ces tristes et éloquentes manifestations. Voyez la tombe du riche et la fosse commune : partout il y a des fleurs et c'est par centaines de mille francs, pour ne pas dire par millions, qu'annuellement elles y sont déposées !

Comme Jules Claretie dépeint bien, dans un émouvant récit, le rôle que jouent les fleurs dans les nécropoles !

« J'ai vu, dit-il, dans un cimetière parisien un spectacle incomparable. C'était la tombe d'une jeune fille morte au matin du dernier mois de mai, à l'heure où s'épanouissent les fleurs, et qu'en ces jours de mort son fiancé avait transformée en un bouquet immense. Des fleurs partout. Partout des roses, des roses d'une blancheur, d'une candeur exquises. C'était comme une symphonie lactée, comme une explosion de lumière blanche. Il semblait qu'il eût neigé sur cette tombe de vierge. L'hermine a plus de taches que ces pétales immaculés. Une couronne embaumée enveloppait, comme d'un nimbe, le nom de la jeune morte : *Marie*, et portait ces mots tracés avec des violettes du pôle, sur des roses blanches : *A ma fiancée.....* Il n'y a point de poésie, de tableau, de musique qui

m'ait donné l'impression attendrie de cette tombe de jeune fille disparaissant sous ces amas de fleurs qui souriaient
encore, parfums et souvenirs, sur le mausolée de la chère
promise. »

Comme elle est simple, mais combien touchante et

Fig. 36. — CHAR PORTANT UNE COURONNE

émouvante, cette description ! qui ne saurait, tant elle
est vraie, échapper aux cœurs sensibles.

Les jours anniversaires des grandes batailles, les bons
patriotes et les parents, vont en nombre joncher de fleurs
les monuments et la tombe commune, qui abritent les
corps des soldats morts bravement en défendant leur pays.
Allez ces jours-là à Champigny, à Buzenval et partout où
la guerre a passé comme un fléau, vous ne verrez que des
fleurs !...

CHAPITRE XV

LES ACCESSOIRES POUR COMPOSITIONS FLORALES

Corbeille et jardinière. — Cache-pots. — Vases. — Supports en bambou. — Cornets et porte-bouquets. — Manchettes. Rubans. — Bourrages. — Porte-fleurs. — Galeries. — Fils de fer. — Vaporisateurs.

Sous ce nom, on comprend les accessoires d'ornement et les accessoires pour le travail des fleurs ; c'est ce dont nous allons nous occuper successivement et succinctement.

Les vanneries pour garnitures florales affectent les formes les plus variées, dont l'énumération serait fastidieuse. Les « surtouts » de table se font : rectangulaires, ovales ou ronds, en rotin fantaisie, tressé, en coraline et en bambou ; en osier émaillé, forme ronde ou ovale, avec anses ; cintrés, avec poignée de côté ; en étoile tressée avec pied. Mais le surtout le plus simple est la petite corbeille ronde ou ovale ou en étoile, composée d'un fond de planche et d'une bordure en rotin.

Les corbeilles « Glaneuses », se fabriquent en rotin avec

galerie, en paille et rotin, en paille chenille, en osier fin, en palmier picot, et paille ou en passementerie.

Fig. 37. — CORBEILLES A TUBES

La « Tosca » est faite en rotin, paille ou osier; elle est

Fig. 38. — PANIER EN OSIER

vernie, dorée, argentée ou de couleurs variées; on la recouvre parfois d'étoffes riches.

Les paniers affectent différentes formes; ils sont, le plus

souvent, en palmier et rotin, en gouana, en raphia avec bambou, en osier, en paille tressée, en bambou, en roseau, etc. La vogue semble être en ce moment aux

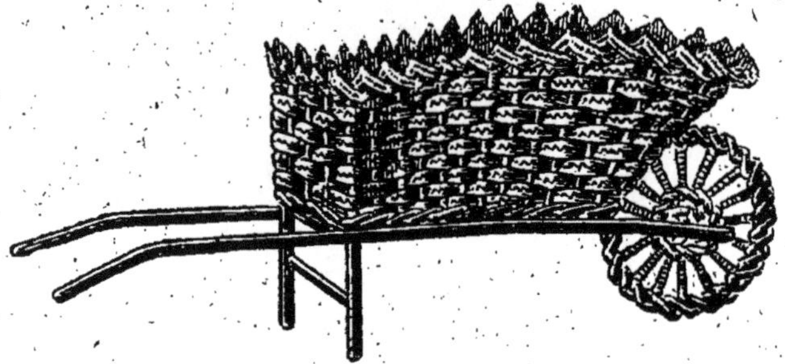

Fig. 39. — BROUETTE EN OSIER

« bourriches », avec ou sans anse qui sont très élégantes ; il en est de même du panier des « Pyrénées », avec grande anse ; du panier « russe », des mannes, etc.

Fig. 40. — PANIER EN OSIER

Certaines vanneries de fantaisie, comme les brouettes (fig. 39), cornes d'abondance, hottes, mandolines, harpes, sébiles, puits, bûches, éventails, croissants, chapeaux, etc., sont très goûtés. Les fantaisies pour cotillon se font, plus petites, sur ces mêmes modèles.

Indépendamment des objets en vannerie, les corbeilles de table, de même que certaines petites potiches, sont faites aussi en faïence et en métal de plusieurs modèles.

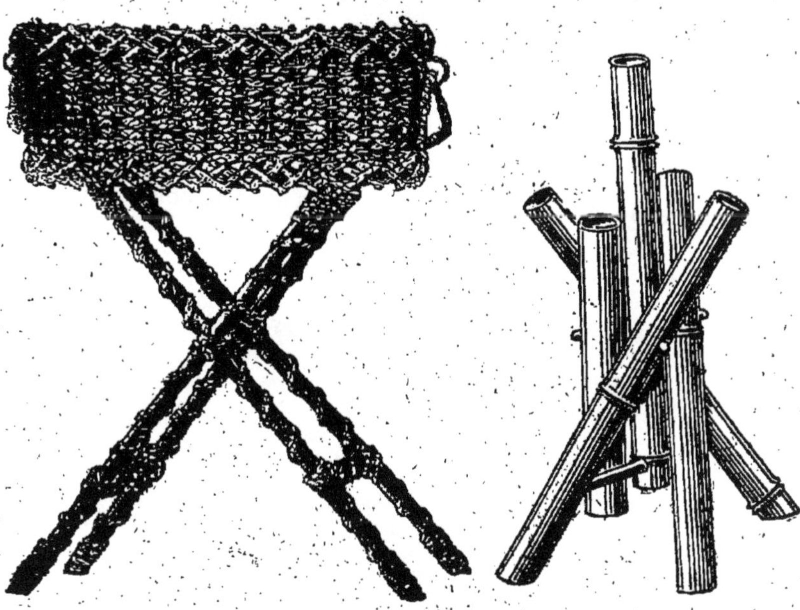

Fig. 41. — JARDINIÈRE EN VANNERIE.   Fig. 42. — SUPPORT EN BAMBOU

Presque tous ces articles sont munis intérieurement d'un récipient en zinc de même forme, ce qui permet de mouiller les plantes sans rien détériorer. On utilise aussi la corbeille à tubes (fig. 37) pour les fleurs coupées seules.

Les jardinières sont, le plus souvent, rondes ou ovales, en métal ou en faïence, porcelaine, bambou, terre cuite, liège, etc. Elles sont sans pieds ou montées sur pieds, avec intérieur en zinc et côtés latéraux en laque ou en porce-

Fig. 43. — CARTON COLLÉ

laine. Je dois aussi citer les tubes en zinc coniques (fig. 55)

Fig. 44. — CORNET CARTONNÉ

qu'on remplit d'eau et dans lesquels on met les fleurs coupées; on les dissimule dans les feuillages de la corbeille.

Les cache-pots en vannerie, métal ou terre varient dans la forme seule, mais ne diffèrent en rien des objets énu-

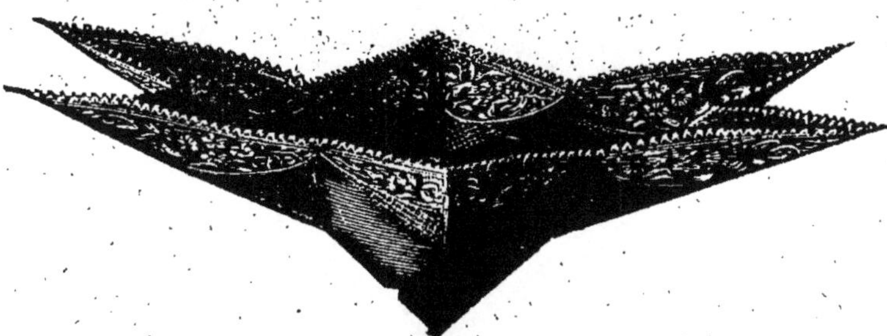

Fig. 45. — CORNET ÉTOILE

mérés ci-dessus comme fabrication. On en trouve aussi dans le commerce, en carton durci imitant le cuir et en

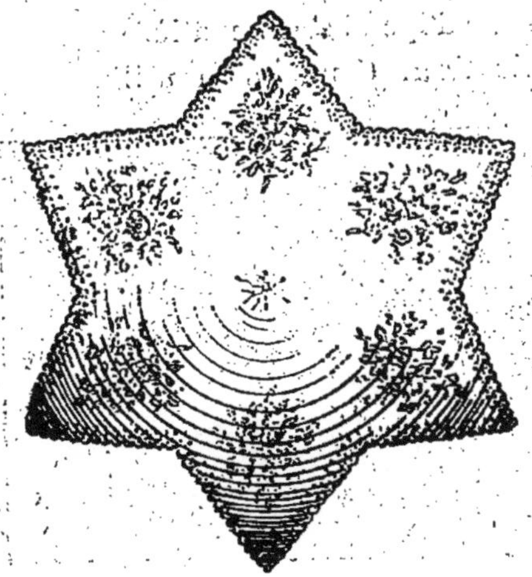

Fig 46. — CORNET A POINTES

papier uni, dentelé ou plissé. Le « cache-plante » est inti-mement lié au cache-pot et composé d'un papier simple

ou festonné recouvrant le pot et une partie de la plante.
Les vases sont aussi variables de formes que de valeur,

Fig. 47. — CORNET EN DENTELLE

et cette dernière dépend de la matière première qui entre
dans la fabrication. Ceux qu'on utilise le plus sont : le

Fig. 48. — ÉTOILE EN DENTELLE

vase en cornet sur pied, le vase clavoïde, le cornet japo-
nais, le vase à col, le vase à long tube, le vase à col pour

gerbe et le vase égyptien. On n'achète jamais spécialement un vase pour un bouquet, tandis qu'on fait les bouquets pour les vases que l'on possède. Les fleuristes préfèrent surtout le vase à long col et le vase égyptien. Il est aussi fabriqué, de diverses formes, des vases pour la culture des oignons à fleurs en appartements.

Les supports en bambou, nommés aussi porte-bouquets

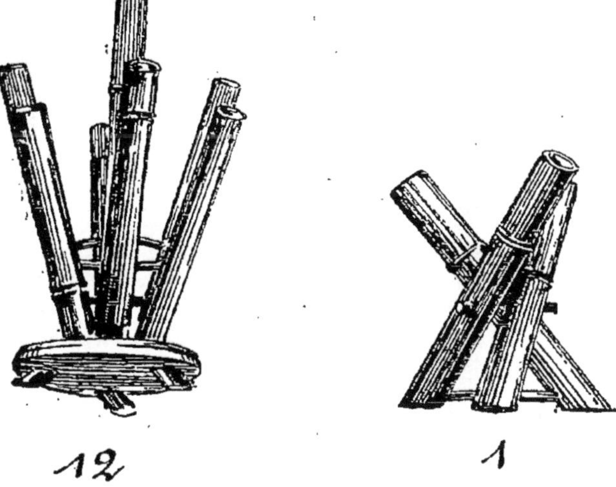

Fig. 49. — PORTE-BOUQUET.   Fig. 50. — PORTE-BOUQUET.

(fig. 42, 49 et 50), se composent de branches de bambou munies intérieurement d'un tube en zinc contenant de l'eau. C'est dans ces supports que les fleuristes parisiens disposent les fleurs coupées qui doivent être vendues et ces gigantesques gerbes que nous admirons tant. Ils peuvent, de même, servir avantageusement pour la décoration des appartements. Les plus employés sont : le support simple monté sur trois pieds et percé à chaque nœud ; les faisceaux de trois à seize branches; le faisceau applique et le tube simple destinés à être accrochés aux murs.

Les cornets et porte-bouquets servent à entourer les bouquets de mariées et de demoiselles d'honneur. Leur valeur varie avec la garniture qui les compose.

Les plus communs sont ceux dont le fond en carton glacé ou moiré est garni d'une dentelle ordinaire ou de

Fig. 51. — CORNET MOUCHOIR

blonde de Saxe avec passementerie retombante. Dans les cornets plus riches, ces étoffes sont remplacées par de la soie, du satin uni, broché ou plissé avec dentelle de Saxe, fine dentelle de Malines ou de Chantilly, blonde, avec point d'Alençon ou d'Angleterre, généralement avec nœud et flot de ruban. Ces tissus sont souvent blancs, quoique, pour les demoiselles d'honneur, on leur substitue parfois la dentelle rose ou bleue pâle. Comme modèle, on a : le

« rond creux » (fig. 47), la « tulipe plate » et la « tulipe creuse », à trois, quatre ou cinq pointes, l' « étoile », et l'« étoile » de trois à huit pointes (fig. 48), l' « écran rond » et l' « écran » à pointes. Quelquefois, on remplace la dentelle par le mouchoir qui est placé autour du cornet (fig. 51).

Fig. 52. — NŒUD DE RUBAN AVEC SUPPORTS POUR CORBEILLE

Tous ces cornets sont généralement pourvus d'une poignée ou manchette qui entoure la tige du bouquet.

Viennent ensuite : les « cornets cartonnés » (fig. 44) à douze ou à vingt-quatre becs, en carton moiré ou glacé, sur lequel est collée une dentelle horizontale en papier; ils sont employés à Paris pour les bouquets à bon marché de demoiselles d'honneur et à la campagne pour les bouquets de mariage et de fêtes; ils sont de diamètres divers, dentelle non comprise.

Les « cartons collés » (fig. 43) diffèrent des précédents en ce sens que le dessin de la dentelle est découpé et estampé dans le cornet même et en suit, par conséquent, l'évasement; ils sont généralement moins forts que les « cornets cartonnés » et sont surtout employés en province pour les bouquets à bon marché.

Les « cornets à pointes » (fig. 46) se font de plusieurs modèles, soit unis, soit festonnés, de trois à huit pointes. Le dessin est estampé sur le cornet même. On fabrique depuis un certain temps, le « cornet étoilé » (fig. 45), à cinq ou six pointes, et le « cornet à bec » à dentelle retombante avec manchette mobile. Les premiers de ces cornets sont utilisés à Paris pour les bouquets funéraires au moment de la Toussaint.

Je citerai aussi le « papier mouchoir » et le « papier rond » qui ne sont guère en vogue, et particulièrement les « cornets écrans » en carton, avec dentelle, qui représentent des dessins variés, imitant parfois des feuillages. Ils se fabriquent en blanc, rose ou bleu pâle et servent beaucoup pour les bouquets de cotillon. Le fond de ces papiers est percé et découpé en pointe.

La plupart des « cornets » et des papiers précités ne sont pas pourvus de manchettes; on fabrique ces dernières de plusieurs grandeurs, avec divisions supérieures plus ou moins nombreuses s'adaptant sur les tiges des bouquets et à la base des cornets. La « manchette spirale » convient pour tous les bouquets. Toutes se font en carton glacé, gaufré ou moiré et en satin.

Les rubans sont indispensables aux jolies corbeilles,

aux bouquets de noce et aux couronnes mortuaires. Ils
sont tissés en faille noire ou moirée de fantaisie; en soie,
ou en soie et ottoman, blancs pour bouquets, de toutes
nuances pour corbeilles avec tons différents et parfois
tricolores pour les couronnes. Les coques des nœuds de
rubans sont soutenues par des supports spéciaux en fil
de fer (fig. 52). Les inscriptions sur les rubans des couronnes sont imprimées ou bien constituées par des lettres

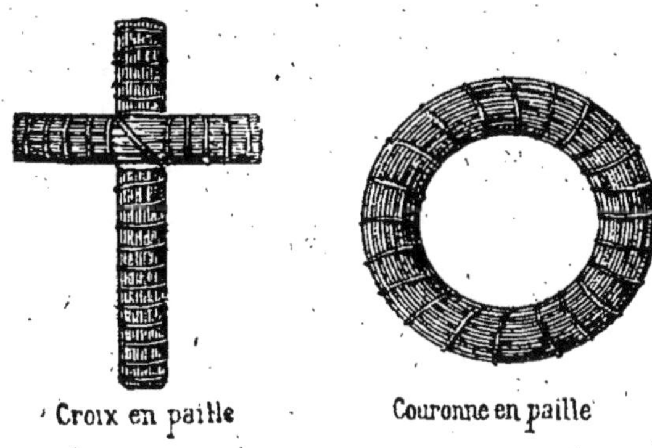

Fig. 53 et 54. — BOURRAGE DE CROIX ET DE COURONNE

spéciales en papier doré et gommé, qu'on peut coller soi-
même. Les fleuristes parisiens impriment aussi leur nom
sur les rubans ou piquent, dans leurs compositions, des
oriflammes ou des drapeaux, quelquefois aussi des papil-
lons et abeilles avec la marque de la maison.

Dans les garnitures en fleurs séchées, on fixe des
insectes et des oiseaux et on imite la rosée, en proje-
tant, au-dessus, de la poudre argentée ou brillantine.

Il nous faut citer aussi le papier de soie ou serpentine
dont on entoure le montage des fleurs et des Graminées
sèches et le papier métallique en étain pour garnir les
tiges des boutonnières et des bouquets de corsages. Le

papier de soie et le coton ouaté servent à l'emballage des bouquets.

Les bourrages pour croix, couronnes (fig. 53 et 54) et coussins se font en paille qu'on mousse quelquefois. Ils sont plus ou moins solides, selon qu'ils ont été fabriqués à la main et sur un cerceau de bois ou simplement en paille seule et à la machine; les premiers sont de tous points préférables. Dans le même genre on fabrique en mousse des raquettes ovales pour gerbes plates, des guirlandes moussées, pour piquer des fleurs naturelles et divers articles de fantaisie, ancres, lyres, harpes, etc.

Pour placer les fleurs dans les vases on se sert parfois d'un porte-fleur qui est constitué par trois disques percés de mailles, maintenues ensemble par des fils de fer qu'on peut suspendre sur le bord du vase. C'est dans ces disques qu'on passe les tiges des fleurs qui peuvent être dirigées dans la position qui leur convient le mieux.

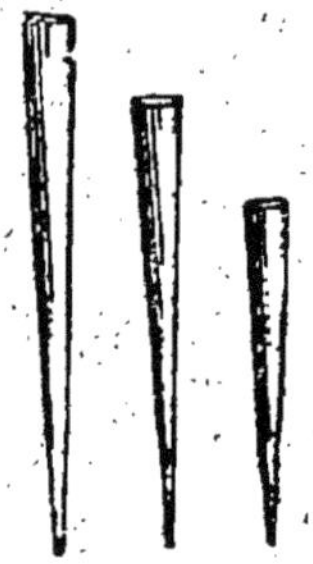

Fig 55.

TUBES POUR FLEURS COUPÉES

On a aussi inventé un couvercle dans lequel sont emmanchés des tubes de différentes hauteurs, plus hauts au milieu (fig. 37) et dans lesquels on passe les tiges des fleurs qui trempent dans l'eau d'un récipient pouvant s'adapter aux corbeilles.

On a également innové des épingles et des tubes spéciaux avec agrafes, pour fixer les fleurs au corsage ou à la boutonnière.

Les galeries en rotin servent à border les massifs de plantes dans les appartements où elles soutiennent la mousse des bordures.

Le fil de fer tiré et coupé en longueurs est l'accessoire
de montage indispensable et presque exclusif des fleuristes
parisiens. Pour les bouquets ordinaires on le coupe en

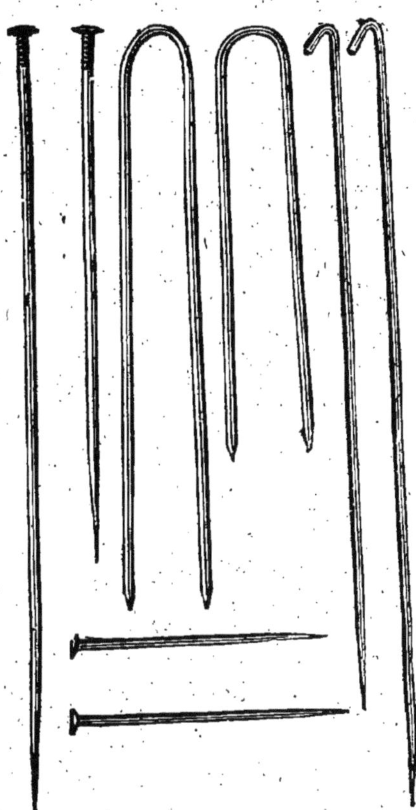

Fig. 56. — POINTES ET ÉPINGLES POUR LE MONTAGE
DES FLEURS

longueurs de vingt centimètres. Les grosseurs sont variées,
mais ce sont les nos 1, 2, 3, 4, 5, 6, 7, 8, 9, 10, qui sont
les plus employés séparément ou simultanément selon la

grosseur; les nᵒˢ 8, 9 et 10 servent surtout pour les corbeilles. Pour monter les camélias et pour fixer les pétales de roses, on emploie les nᵒˢ P. et P. P. ou le nᵒ 22 nommé aussi fil de fer carcasse. Tous ces fils de fer se vendent recouverts ou non de coton vert.

La cannetille d'argent, qui est très fine, sert, avec le laiton vert, à monter les boutons d'Oranger. Les pointes à têtes plates, à crochets, recourbées (fig. 56), sont employées pour le montage des fleurs pour couronnes ; leurs longueurs

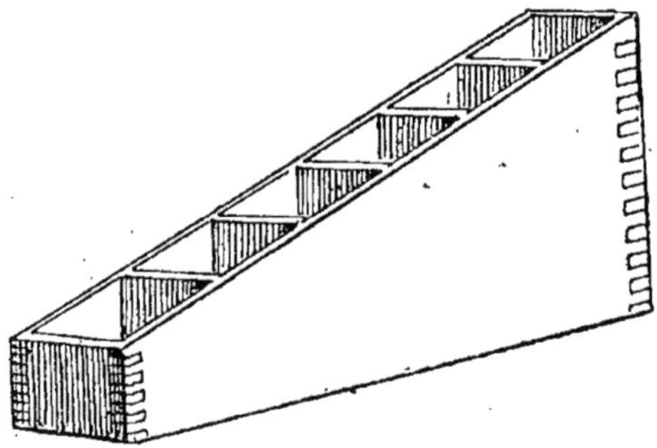

Fig. 57. — BOÎTE A COMPARTIMENTS POUR LES POINTES, ÉPINGLES ET FIL DE FER

varient de six à douze centimètres. Les épingles à bout trempé sont utilisées pour fixer les Immortelles sur les bourrages. Tous ces fils de fer sont rangés chez les fleuristes par grandeurs, dans des boîtes spéciales (fig. 57), divisées en compartiments.

Les ligatures se font en laiton ou fil d'archal, non galvanisé ou recouvert de coton vert pour les bouquets soignés ; les nᵒˢ 40, 60 et 80, sont de vente courante ; de même le fil en plomb, et celui en coton ordinaire nᵒˢ 3 et 4. Le raphia divisé en menues lanières est aussi recommandable comme ligature.

Le jonc d'Espagne ou alfa rentre dans le domaine du fleuriste des rues et des fleuristes de province; il se vend au poids.

Pour terminer, il me reste à citer les vaporisateurs qui sont d'une grande utilité et dont toute personne faisant quelques compositions florales devrait être munie. On les trouve dans le commerce à des prix peu élevés et de formes variables.

Tous les objets énumérés ci-dessus se trouvent dans des maisons spéciales, soit à Paris, soit dans les principales villes de province [1]. La plupart de ces maisons, à Paris, expédient aussi journellement des fleurs fraîches.

1. Voir pages I et III.

CHAPITRE XVI

LE MONTAGE DES FLEURS

Fleurs à longues tiges. — Fleurs sans pédoncules. — Fleurs pour bouquets de corsage. — Oranger. — Montage sur jonc.

Le montage permet, dans bien des cas, d'employer les fleurs d'une manière plus rationnelle, de leur donner la position la plus convenable ; en un mot, de les présenter sous plusieurs formes et de les soumettre à ce que la fantaisie imagine. Certaines fleurs se « tiennent » et se conservent mieux étant montées que sur leur propre tige ; le lilas est dans ce cas. Toutes, en général, voyagent mieux si elles sont montées. Par contre, la plupart gagnent à n'être pas montées, exception faite pour les quelques petits artifices dont elles sont généralement l'objet.

Quand les tiges sont suffisamment fortes et feuillues, le montage est inutile ; certaines roses et autres fleurs sont dans ce cas, si on les emploie pour la composition d'une corbeille ou pour la garniture d'un vase. Il en est autrement si elles sont destinées à la confection d'un bouquet ou d'une gerbe. Dans ce cas, il s'agit de « diriger » les fleurs et de donner aux tiges la flexibilité qui parfois fait défaut, en enfonçant un fil de fer, (plus ou moins gros, nº 2 à nº 5, selon le volume du pédoncule), dans l'ovaire de la fleur (fig. 58), sans détacher aucune feuille et de le mener parallèlement à la tige, à laquelle on le fixe par quelques tours

Fig. 58. — MONTAGE DE ROSES — A B C ROSES AVEC TIGE
D ROSE SANS TIGE

plus serrés. Ou bien, ce qui est préférable, quand le nombre de feuilles ne s'y oppose pas, on tourne en spirale le fil de fer autour de la tige (B fig. 58), en le fixant par le même procédé parce que certaines tiges sont trop résistantes, ne se prêtent pas à la courbure qu'on doit parfois leur donner et par cela même font dévier le fil de fer dans l'ovaire de la fleur, quand il est placé comme j'ai dit plus haut. Ce sont ces deux procédés qu'on emploie pour les roses, œillets, dahlias et quelques autres fleurs. Si, sur une même tige, plusieurs fleurs — tels des œillets — sont épanouies, on fait la même opération pour chacune d'elles, et chaque fil de fer en suit le pédicelle, pour être ensuite fixé au pédoncule commun qui les supporte toutes (A fig. 60).

Pour les pensées et les violettes on procède comme il est indiqué ci-dessus, ou bien on enfonce le fil de fer (très fin, marques P. et P. P.) perpendiculairement au pédoncule, dans l'ovaire, en ne laissant dépasser qu'un petit bout sur l'un des côtés, puis tous deux sont rabattus comme un crochet, et, enfin, le plus long est roulé en spirale autour du pédoncule, on peut rabattre les deux bouts (comme une épingle double recourbée sans tête) et les tourner de la même façon ; dans l'un ou l'autre des deux cas, le montage est très solide.

Pour les fleurs qui ont une tige trop courte, ces divers procédés de montage ne suffisent pas et, pour allonger la tige, on fixe dans le bas un fort fil de fer (B fig. 58), si c'est une corbeille, ou un mince et flexible (C fig. 58), s'il s'agit d'un bouquet ou d'une gerbe. Jamais, à moins de nécessité, en montant les fleurs de ces différentes façons, on ne doit enlever les feuilles ; parfois même, il est nécessaire de joindre au montage quelque feuillage pour le dissimuler. Mais, en tous cas, il est bon de supprimer les aiguillons des roses.

Pour les fleurs simples, sans tige, on enfonce un fil de

fer dans l'ovaire soit parallèlement au milieu (D fig. 58 ét C fig. 60), soit perpendiculairement, en formant un crochet (B fig. 60) ou une épingle recourbée, si on craignait pour sa solidité.

Le bas de l'inflorescence des fleurs disposées en grappes ou en panicules, est fixé sur un fil de fer par une ligature de coton ou de laiton et on l'entoure habituellement d'un petit tampon de mousse humide. On opère de la même manière pour les fleurs uniques dont le pédoncule, quoique résistant, n'est pas suffisamment long, comme les

Fig. 59. — MONTAGE DE ROSES

Anthurium, Cypripedium, etc. Quoi que l'on fasse, on dissimule le plus souvent le montage par quelque feuillage.

Pour les fleurs qui ne tiennent que très peu, par exemple les roses, principalement celles du midi et celles qui sont trop fatiguées, qu'elles soient ou non à longues tiges, on enfonce en croix (F fig. 59), en tenant les pétales de la fleur entre les doigts, et au bas de celle-ci, deux fils de fer n° 22, qu'on réunit et qu'on contourne sur le pédoncule (E fig. 59). Ce mode de montage qui est employé

11

simultanément avec les divers procédés dont il vient d'être question, est très utile pour les fleurs qui doivent voyager et pour celles qui sont destinées à la composition des couronnes. La même application est faite aux fleurs de camélias qui n'ont pas de pédoncule, après quoi on les monte sur fil de fer ou sur jonc.

Quand on emploie du fil de fer mince, et que les pédoncules floraux offrent peu de résistance, on joint parfois un ou deux brins de jonc ou alfa; et l'on fait adhérer les deux montages l'un à l'autre par quelques ligatures de fil de coton ou de laiton.

Il arrive fréquemment que les œillets crèvent en les travaillant, s'ils ne le sont déjà d'avance ; pour qu'ils ne s'ouvrent pas davantage, on entoure le calice d'un mince collier de caoutchouc.

Le montage des fleurs pour couronnes varie en ce sens que, sauf pour les fleurs destinées aux piquets gerbes, on ne laisse que très peu ou même pas de pédoncules; la tige factice est constituée par un fil de fer effilé aux deux extrémités, qu'on enfonce dans la partie inférieure de l'ovaire de la fleur; ou bien encore par une pointe à tête plate qui traverse le centre du calice et l'ovaire, par la partie supérieure de la fleur; c'est ainsi que sont montées les reines-Marguerites, pour croix, couronnes et coussins. Toutes les fleurs ne se prêtent pas à ce genre de travail, le chrysanthème, par exemple, est parfois rebelle; dans ce cas, c'est le premier procédé qu'il faut préférer. Quant aux fleurs trop petites pour être montées individuellement, on les réunit en petits bouquets qu'on entoure de quelques feuilles et qu'on fixe ensuite sur une pointe à tête plate.

Les fleurs destinées à la confection des bouquets de corsage et de demoiselles d'honneur, sont employées montées sur fil de fer la plupart du temps sans leur pédon-

Fig. 60. — MONTAGE D'ŒILLETS — A ŒILLETS AVEC TIGE
B C ŒILLETS SANS TIGE

cule, pour que leur réunion ne forme pas une tige démesurément grosse. Ces fils de fer sont recouverts de coton vert qu'on enfonce dans l'ovaire, comme il est dit plus haut; quant aux fleurs disposées en grappes ou en panicules, elles sont ligaturées sur un fil de fer avec du fil de coton ou du laiton vert, deux ligatures qui doivent être également employées toutes les fois que le montage ne peut être dissimulé complètement. La base de la gerbe ou du bouquet est recouverte d'une lame de papier d'étain.

Le montage des « grains [1] » d'Oranger se fait avec du laiton vert spécial, de la cannetille ordinaire ou de la cannetille d'argent, qu'on enfonce dans le culot de chacun d'eux. On réunit ensuite plusieurs de ces boutons ainsi montés et quelques feuilles de Pervenche en un grapillon, sur un fil de fer suffisamment fort.

C'est le jonc où alfa, qui est employé presque exclusivement par les fleuristes des kiosques à Paris et par la plupart des fleuristes de province. Le fil de fer n'est employé que lorsque c'est tout à fait urgent.

Quand les fleurs ont de longues tiges, on les leur conserve, mais, pour leur donner la flexibilité nécessaire; on enfonce un bout de jonc dans l'ovaire, sans ligature pour les fleurs qui tiennent bien, mais en attachant celles qui ne seraient pas suffisamment stables avec du fil de coton ou avec du raphia. Si les tiges sont trop raides, il est nécessaire de mettre plusieurs joncs ou, de préférence, un fil de fer, afin de pouvoir incliner la fleur à volonté et la fixer dans la position qu'on veut lui faire prendre. Pour les tiges faibles ou cassantes, le même travail est de toute nécessité.

En l'absence de pédoncule, les fleurs sont montées sur

(1) Nom donné par les spécialistes des Halles, aux boutons d'Oranger.

deux joncs qui sont pliés et réunis ensemble jusque dans le bas par une ligature. La tige factice est garnie, un peu plus bas, de feuillage formant comme un calice, si les fleurs sont destinées à un bouquet rond, à différentes hauteurs si elles doivent composer une gerbe. Parfois on monte à part de petits bouquets de verdure ou de mousse qui dispensent de joindre de la verdure à chaque fleur.

On substitue aussi de la mousse humide à la verdure quand il s'agit de composer des bouquets ou des couronnes qui doivent voyager.

CHAPITRE XVII

CONFECTION DES BOUQUETS ET CORBEILLES

Bouquets de corsage. — Boutonnières. — Gerbes. — Bouquets ronds et coniques. — Bouquets de mariée. — Bouquets des rues. — Bouquets champêtres. — Corbeilles et fantaisies en fleurs coupées. — Corbeilles de plantes. — Corbeilles mixtes. — Corbeilles d'Orchidées. — Conservation des fleurs coupées. — Emballage. — Compotiers de fruits.

On ne peut donner aucune règle fixe en ce qui a trait à la confection des bouquets, leur composition variant avec le goût de chacun. Il est assez rare qu'un fleuriste fasse plusieurs bouquets identiquement semblables; aussi parlerons-nous surtout de leur confection matérielle et des principales formes qu'ils affectent.

Si le bouquet de corsage est fait en forme de gerbe, voici comment on le confectionne : on prend une feuille légère ou un bouton de rose très allongé, ou encore une petite grappe de fleurs, après avoir joint derrière un rameau d'Asperge plumeuse ou une feuille d'*Adiantum*, on place d'autres fleurs en bas de celle-ci sur une seule face en élargissant la gerbe et en ligaturant, au fur et à mesure, avec un laiton vert. Les fleurs étant montées, la tige du bouquet est très mince; on l'entoure d'un papier métallique ou on la dissimule par un nœud de ruban. Pour le bouquet d'épaule, qui se fait généralement rond, on opère de la même manière, mais en fixant des fleurs autour de celle du centre.

Dans la confection des guirlandes, au lieu de multiplier le nombre des fleurs de la base, on ne la fait pas varier comme largeur. Les fleurs ne doivent pas être serrées, mais rester au contraire très libres et se détacher sur un fond de feuillage. On commence par joindre ensemble celles du bas et on termine par un faisceau de pédoncules floraux ou par un nœud de ruban. Une guirlande de feuilles et de fleurs d'œillets est toujours très jolie.

Pour la petite gerbe ou la guirlande de coiffure, on procède de la même manière. Si on la fait en forme de diadème, on courbe un fort fil de fer sur lequel on fixe les fleurs, précédemment montées, avec quelque verdure.

Les fleurs pour boutonnières, utilisées seules avec leur feuillage : roses, gardénias, camélias, n'ont besoin d'être soutenues que par un mince fil de fer. Pour la boutonnière « gros œillet », on ôte le calice de plusieurs œillets de la même couleur qu'on réunit très serrés sur un fil de fer en formant un bouquet ovale ou rond et bombé dont on laisse dépasser dans le haut et derrière quelques feuilles d'Œillet. La boutonnière « gros bleuet » est confectionnée de la même manière. Les bouquets de violettes de Parme ou autres sont faits ronds ou légèrement ovales; les fleurs doivent être serrées, la tige est ensuite entourée de papier d'étain. Les fleurs d'Orchidées sont agrémentées d'une feuille d'*Adiantum* ou, préférablement, d'un rameau d'Asperge plumeuse qui ne se fane pas aussi vite.

En composant une gerbe, on place d'abord la première fleur, puis d'autres, sans les serrer, en élargissant le cercle au fur et à mesure. On donne de suite à chaque fleur la position qu'elle doit occuper en pliant au besoin son fil de fer, en la ligaturant avec du fil de coton vert ou du laiton; puis on ajoute un peu de feuillage si celui des fleurs ne suffit pas. Une fois terminée, on forme le fond par quelques frondes de Fougère ou toute autre verdure s'y prêtant. Cette gerbe peut ainsi orner un vase. Mais quand elle est destinée à un présent, on l'entoure d'une grande feuille de papier blanc.

Quant aux bouquets ronds et coniques (que les fleurs soient montées ou non), on procède de la même manière pour leur confection. Lorsqu'il s'agit du bouquet « à la main », on commence par prendre une fleur qui constituera le centre du bouquet et autour de laquelle on en fixe, sans les serrer et un peu plus bas, une rangée d'autres qu'on ligature au fur et à mesure qu'elles sont placées, on met ensuite d'autres rangées qui sont d'autant plus nombreuses que les fleurs sont plus petites et que le bouquet doit être plus gros. Le mot rangée est pris ici au figuré, car réellement les rangs ne doivent pas être apparents et çà et là un bouton, une fleur légère, un brin de verdure doivent s'élancer de l'ensemble et rompre les lignes par trop accusées. Comme pour les gerbes, les fleurs ne doivent pas être serrées mais se détacher de leur feuillage ; on entoure ensuite le bouquet de verdure

et, pour certains, de quelques feuilles de papier blanc dont
on laisse dépasser les pointes.

Le centre du bouquet de mariée est formé d'une

Fig. 61. — GERBE DE ROSES

grappe de boutons d'Oranger, placée bien verticalement,
autour de laquelle on fixe d'autres petites grappes préalablement montées et auxquelles on ajoute parfois des roses

blanches, des boutons de roses *Souvenir de la Malmaison*, des *Stephanotis*, tubéreuses, *Bouvardia*, lilas blanc, Orchidées, etc., selon la valeur du bouquet. De çà, de là, on jette des feuilles d'*Adiantum* ou un autre feuillage léger. En faisant le bouquet, on fixe très près les tiges du montage, car on donne au bouquet une forme conique à base relativement étroite.

La forme des bouquets de demoiselles d'honneur ne varie pas, mais la composition reçoit quelques modifications en tant que fleurs; les roses et lilas blancs, tubéreuses, *Stephanotis*, *Bouvardia*, Orchidées, dominent généralement.

Ces bouquets sont entourés d'un papier-dentelle dans l'ouverture duquel on passe la tige qu'on entoure d'une manchette. Si c'est un cornet cartonné, on écarte les pointes de l'ouverture qui servent à la fixer à la tige du bouquet à l'aide de quelques épingles. Pour mettre la manchette, on passe dans celle-ci un bout de ficelle attachée à la tige du bouquet qui, en le maintenant, sert à la faire glisser. Si c'est une manchette spirale, on en contourne la tige. On fait souvent un piquet d'Oranger naturel sur le flot de ruban du bouquet de mariée.

La coiffure, bouquet de corsage, guirlande de la mariée, se font de la même manière que les bouquets de bal, mais avec des fleurs d'Oranger.

Les bouquets des rues que font les fleuristes des kiosques et de province ont généralement une forme conique. Voici comment on procède à leur confection : après avoir placé bien d'aplomb la fleur centrale, on en entoure le montage un peu plus bas d'un petit rouleau de papier formant tampon dans le but de maintenir l'écartement des fleurs, et de donner de la légèreté à l'ensemble, puis on fait un rang de fleurs qu'on écarte à volonté en courbant les joncs et en appuyant sur le tampon en papier. La verdure montée en collerette autour de la fleur forme un fond naturel tout en cachant le montage. La rangée de fleurs terminée, on met de nouveau un tampon de papier sur la tige, on en place un autre rang, et ainsi de suite jusqu'à ce que le bouquet soit terminé. Il est bien entendu qu'on doit rompre la régularité des lignes par quelques fleurs surpassant les autres en hauteur. Le bouquet terminé, on l'entoure de quelque feuillage et de papier blanc dont on fait ressortir les pointes.

Quand on fait de petits paquets de feuillage ou de mousse, les tampons de papier ne sont pas nécessaires pour maintenir l'écartement. Dans certains cas, on emploie, comme fond, des fleurs en panicules aux pédicelles rigides.

De ces différentes manières, c'est la première qui est la préférable en ce sens que ce bouquet est plus léger et plus coquet.

Au lieu de la simple feuille de papier blanc, ces bouquets sont parfois entourés d'un papier-dentelle, ceci particulièrement à la campagne.

Pendant la belle saison, des marchands vont recueillir des fleurs dans les champs et en composent de très gros bouquets coniques auxquels ils ajoutent quelques fleurs cultivées, qu'on entoure généralement de feuilles de Châtaignier ; les bouquets qu'on confectionne comme il est dit plus haut, sont très originaux, très pittoresques et fort goûtés du public.

Quelle que soit la forme ou la destination des corbeilles, le principe de leur ornementation ne varie guère.

On commence par bourrer de mousse l'intérieur de la corbeille de table ou son récipient en zinc, puis on pique la verdure en lui donnant une forme bombée ; on fixe ensuite les fleurs ou bien on fait ce travail simultané- ment. On commence généralement par le milieu pour terminer par le tour. Les fleurs ne sont pas serrées et celles qui sont placées extérieurement doivent dépasser de beaucoup le périmètre de la corbeille ; toutes doivent se détacher du feuillage en s'harmonisant avec lui. Si c'est une corbeille de salon, de fiançaille ou de présent, on la compose dans le même ordre d'idées, mais, s'il y a une anse, on la garnit d'un piquet de fleurs sur le haut, d'une jetée de fleurs sur le côté ou d'un nœud de ruban. Pour le piquet-gerbe, on fait sur l'anse un petit tampon de mousse, d'où s'élancent des fleurs légères parmi des frondes de Fougères en forme de gerbe ; on laisse retomber gracieuse- ment quelques grappes de fleurs, ce qui est du plus bel effet. La jetée de fleurs se fait comme une guirlande, mais sans régularité ; on réunit les fleurs et le feuillage s'élan- çant en tous sens, pour les fixer ensemble avec une liga- ture de laiton vert attachée sur l'autre anse. On complète parfois cette décoration par un nœud de ruban. Si c'est une vannerie sans anse, on l'entoure d'un large ruban et on fait un nœud de chaque côté. Parfois, on garnit certaines vanneries et, plus particulièrement, les petites bourriches, d'un tapis de fleurs basses, myosotis et réséda, parmi les- quelles on fait d'un côté une gerbe de fleurs à longues tiges. On compose aussi, bien souvent, des corbeilles de violettes et de pensées qui sont des chefs-d'œuvre et le résultat d'un travail minutieux, les fleurs devant être montées séparément sur un mince fil de laiton et réunies

Fig. 62. — ROUET ORNÉ DE FLEURS

ensuite en guirlande, en gerbe sur l'anse et en dôme pour la corbeille elle-même.

Pour la confection d'une corbeille de plantes, étant

donnée sa grandeur, comparativement au volume des pots qu'elle doit contenir, il est nécessaire de dépoter les plantes et souvent de les démotter partiellement, sans quoi la garniture ne serait pas suffisamment large et, par conséquent, serait peu jolie. On entoure les mottes de mousse mouillée et on dispose les plantes de telle façon qu'elles se montrent sur leur belle face; et, pour cela, on les penche du côté d'où elles doivent être vues. S'il y a une anse à la corbeille, on la garnit partiellement avec une petite plante sarmenteuse à fleur ou à feuillage et on fait un nœud de ruban dont les coques sont maintenues par de petits supports spéciaux.

Les corbeilles mixtes diffèrent des précédentes en ce sens qu'on joint aux plantes des fleurs coupées fixées ensuite parmi elles. Bien souvent les fleurs sont mises dans de petits tubes en zinc qui se trouvent dissimulés dans le feuillage. S'il y a une anse, on la garnit d'une jetée et d'un piquet de fleurs ou on l'entoure d'un ruban.

Les corbeilles d'Orchidées se font toujours d'après les mêmes règles; elles sont pour la plupart garnies de petites plantes, parmi lesquelles on dispose les fleurs qui sont montées sur des tampons de mousse humide avec quelques feuillages légers ou mises dans les petits tubes précités. Sur l'anse, on fait toujours un ou deux piquets de fleurs, et, tandis que celles des Cypripèdes se tiennent droites et rigides, celles qui sont en grappe doivent retomber avec grâce.

Les gerbes d'Orchidées sont composées comme celles des autres fleurs et ne sont jamais serrées. Il ne faut pas oublier qu'avec les Orchidées les spathes d'*Anthurium* sont du meilleur effet.

Aussitôt chaque composition terminée, il faut rafraîchir les fleurs en les bassinant.

Le meilleur procédé pour la conservation des fleurs coupées est de les changer journellement d'eau et de rafraîchir l'extrémité des tiges et des pédoncules. Pour obvier à l'aridité de l'air des appartements qui leur est toujours préjudiciable, on les bassine très souvent au vaporisateur. Il est aussi possible, paraît-il, de les conserver assez longtemps en ajoutant certains produits chimiques à l'eau. L'addition d'un peu de charbon de bois est quelquefois bon mais devient inutile quand l'eau est renouvelée journellement.

Souvent, en hiver, des fleurs arrivent gelées ou fanées; si elles n'ont pas perdu leurs couleurs, on les remet, en les trempant dans de l'eau froide sans toucher les pétales. C'est ainsi que les fleuristes opèrent, et même les fleurs d'Orchidées devenues transparentes se remettent très bien. Quand les fleurs ne sont que fanées on peut en tremper l'extrémité de la tige dans de l'eau chaude, ce qui, paraît-il, les fait revenir à leur état normal.

Les fleurs fraîches sont très fragiles, et, pour peu qu'elles soient restées quelque temps dans la boutique du fleuriste où on les bassine constamment, aussitôt qu'on les sort elles se fanent. C'est ce qui engage les fleuristes parisiens à envelopper dans un grand papier de soie les bouquets qu'ils doivent porter chez leurs clients, et parfois chaque fleur en particulier, puis on recouvre le tout d'un papier blanc. Si c'est pour expédier, l'emballage doit être fait avec beaucoup de soin. On se sert, pour les bouquets, de caisses carrées ou rondes, on suspend les bouquets, en passant la tige dans une ouverture ménagée au milieu du couvercle et on la fixe par une cheville.

Pour les corbeilles et les gerbes plates, les caisses se font rectangulaires ou carrées. On pose la gerbe ou la corbeille dans le fond, sur le plancher même ou sur un lit de mousse fraîche et on les fixe par quelques fils de fer pour éviter tout ballottement. Avant de fixer le couvercle, on bassine légèrement fleurs et feuillage et on s'assure que rien ne touche à celui-ci. Pour les expéditions à l'étranger, on met cette caisse dans une seconde en zinc pour éviter la dessication.

Les compotiers de poires et de pommes se font pyramidaux, sur deux, trois ou quatre étages, selon la grandeur du récipient, avec un fruit pour constituer le sommet de la pyramide. On pose les fruits sur un fond de mousse ou sur des feuilles de Vigne, de Ronce, de Platane, de Mauve, etc., etc., selon la saison.

Les prunes, pêches et abricots se placent sur un cône de mousse, en faisant ressortir leur plus belle face ou se disposent comme les pommes.

On arrange les cerises dans un moule conique, en présentant la face du fruit extérieurement, les queues se trouvant ainsi à l'intérieur ; puis on retourne le compotier. On peut opérer ainsi pour les fraises et les framboises.

Les grappes de raisin se posent sur un seul rang en séparant chaque grappe par une feuille ou par du papier-dentelle ; ou bien, en hiver, on les accroche sur des cônes de mousse.

Ou garnit encore l'anse de la corbeille de fleurs, de grappes de raisin qu'on suspend à l'aide d'un fragment de sarment et qu'on agrémente de quelques feuillages.

CHAPITRE XVIII

CONFECTION DES COURONNES

**Couronnes et croix. — Coussins. — Gerbes plates.
Emballage des croix, couronnes et coussins.**

Les couronnes confectionnées à Paris sont généralement
de forme ronde. On les fait, le plus souvent, avec un fond
des mêmes fleurs et chacun des deux rangs des circonfé-
rences intérieure et extérieure, avec des fleurs plus
légères. Les fleurs employées communément comme fond
sont, selon la saison, violettes, pensées, reines-marguerites,
chrysanthèmes. Les fleurs composant les gerbes et le tour
des couronnes sont plus variées. Quand ce sont des fleurs
de valeur comme les Orchidées, on ne fait pas de fond proprement dit, mais on les disperse dans la verdure.

Pour confectionner une couronne, on pose le bourrage
sur une table et on recouvre, à plat, de verdure : Fougère,
Pervenche, Mahonia, mousse, etc., la face qui ne doit pas
être garnie de fleurs et quelquefois les deux faces. Si ce
sont des fleurs qu'on dissémine dans le feuillage, on

pique la verdure sur le bourrage en lui imprimant la forme que devra avoir la garniture de fleurs.

Pour les couronnes dont le fond est composé des mêmes fleurs, on commence par fixer le rang du milieu puis les autres rangs régulièrement de chaque côté, jusqu'au dernier tour intérieur et extérieur qu'on encadre d'une rangée de fleurs plus légères et de feuillage, ce qui en augmente le volume. Mais, le plus souvent, on mène tous les rangs en même temps. Si on fait un fronton dans le haut ou un piquet-gerbe sur le côté ou de place en place, on ne met pas de fleurs de fond aux endroits qu'ils doivent occuper, sauf sur les deux rangs de bordure intérieure et extérieure, mais on fait une garniture de feuillage à laquelle on donne la forme qu'auront les piquets gerbes ou la gerbe. Dans cette verdure, on fixe les fleurs qui doivent s'élancer de tous côtés au-dessus, à droite et à gauche du fond, et retomber au milieu de la couronne en formant une gerbe arrondie ou ovale et bombée au centre (fig. 63). et parfois aussi sur une seule face. Si c'est une couronne de valeur on laisse s'échapper çà et là une feuille de Palmier, une fronde de Fougère, ou une palme de Cycas.

S'il s'agit d'une jetée de fleurs sur le côté, on lui donne vaguement la forme d'un croissant; les fleurs et les brins de feuillage léger sont piqués parmi les fleurs du fond qui doivent s'apercevoir discrètement; la jetée-gerbe ne dépasse généralement pas en largeur le fond de la couronne.

Certains fleuristes piquent les fleurs régulièrement sur le bourrage sans autre chose, tandis que d'autres laissent échapper, çà et là, une fleur ou un peu de verdure au-dessus des autres.

On compose aussi le fond différemment, ce qui est très

joli. Ayant recouvert le bourrage de verdure, on commence par faire extérieurement et régulièrement deux ou trois rangs de fleurs, en laissant au milieu un espace vide,

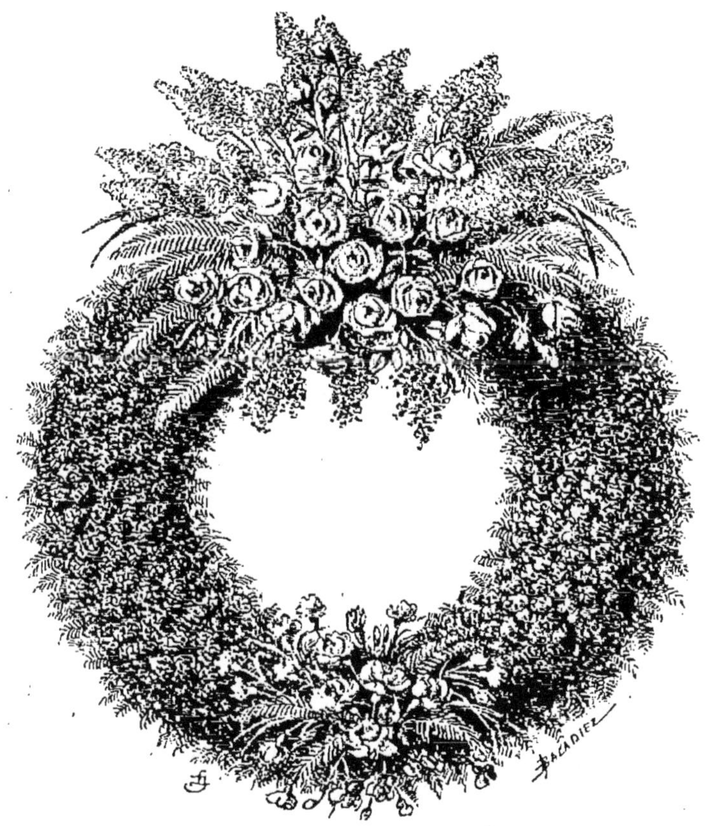

Fig. 63. — COURONNE SURMONTÉE D'UN FRONTON

qui sera garni, sans ordre apparent, de feuillage et de fleurs. Ou bien on peut faire le contraire : garnir le milieu de fleurs régulières et le tour, sur deux ou trois rangs, irrégulièrement.

Ces diverses manières d'opérer ne modifient en rien la disposition des frontons, gerbes et piquets-gerbes, mais pour ces deux dernières méthodes, la jetée de fleurs ne fait plus aussi bon effet. Quoi qu'il en soit, toutes sont à recommander. Pour les couronnes de fleurs d'Orchidées et d'anthurium il n'est pas fait de fonds réguliers, les fleurs sont tout bonnement dispersées dans des feuillages de valeur.

Il est très gracieux de jeter au travers de la couronne une palme de *Phœnix* ou de *Cycas* seule ou ornée d'un nœud de ruban.

Avant de confectionner une couronne, il faut tenir compte de la largeur que prendront les fleurs, ce qui triple et parfois quadruple le volume du bourrage.

Les croix et les coussins se font d'après les principes developpés pour les couronnes. On confectionne le fond de la croix, après l'avoir garni de verdure, soit en fleurs placées les unes près des autres, soit en fleurs piquées régulièrement de chaque côté avec d'autres fixées irrégulièrement au milieu. On fait un piquet-gerbe au croisement des bras, ou au bout de ceux-ci. Pour le coussin, la gerbe est faite au milieu, ou, si c'est une jetée, sur l'un des côtés. Pour la gerbe plate, on pique les fleurs sur un bourrage spécial en donnant à l'ensemble la forme d'un dôme. On la confectionne aussi dans le genre des gerbes ordinaires, mais avec de plus grandes dimensions.

Les rubans se disposent sur ces objets de différentes manières, comme je l'ai indiqué au chapitre : « Les fleurs dans les convois funèbres. » Si c'est une draperie d'étoffe, on évite de garnir de fleurs l'endroit où elle doit être appliquée.

L'emballage des couronnes, croix, coussins et gerbes se fait comme pour les corbeilles. Quelquefois on en met plusieurs les unes au-dessus des autres, qui reposent chacune sur des traverses qui les isolent. On fixe les couronnes et les croix à l'aide de quelques tasseaux cloués dans le fond de la caisse et après avoir bassiné les fleurs on ferme hermétiquement le couvercle. Ou bien encore, ce qui est préférable, on perce, dans le fond de la caisse, quatre trous, aux deux coins opposés, en diagonale ; un trou est fait à un angle de la caisse, à l'intérieur de la petite circonférence, dans l'espace vide, et le second à l'extérieur de la grande circonférence ; ces trous sont distancés de la largeur de la couronne ; deux trous semblables sont faits à l'angle opposé. La couronne étant posée au fond, on dispose une ficelle entre les fleurs, de façon que chaque bout passe dans chacun des deux trous précités puis on lie cette ficelle à l'extérieur. Arrivé à destination, l'on n'a qu'à couper les deux ficelles et à enlever la couronne. Pour les croix, les trous sont faits à chaque extrémité des grands bras, parallèlement à ceux-ci ; pour plus de solidité, on en fait huit, au lieu de quatre, deux à l'extrémité de chaque bras, et parallèlement aux côtés de la caisse. Les coussins sont fixés aux deux coins opposés en opérant comme pour les couronnes, ou bien encore aux quatre coins.

CHAPITRE XIX

LES GARNITURES FLORALES EN MAISON BOURGEOISE

Garnitures temporaires. — Garnitures permanentes.

C'est à la maîtresse de maison qu'il appartient de grouper les fleurs dans les vases, corbeilles et jardinières qui ornent ses appartements. Sauf quand ce soin est dévolu au jardinier, c'est elle qui s'en occupe et qui confectionne les bouquets et corbeilles.

La manière déjà indiquée d'arranger les garnitures temporaires pour une réception ou une fête est applicable pour les mêmes garnitures en maison; je n'y reviendrai donc pas et m'occuperai seulement des garnitures permanentes. On n'a pas toujours à sa disposition les accessoires nécessaires pour confectionner les bouquets, ce qui fait qu'on opère différemment de ce qui se pratique ordinairement chez les fleuristes. J'engagerai cependant les dames et jardiniers à adopter en principe les modèles de compositions florales des fleuristes parisiens, qui rivalisent toujours de grâce et de beauté. J'ai essayé d'effleurer ce şujet dans les chapitres précédents, où on trouvera les indications nécessaires.

Les garnitures permanentes des appartements sont généralement l'objet de moins de recherches que les garnitures temporaires, quoiqu'on puisse les faire comme celles-ci.

Fig. 64. — GERBE DE FLEURS A LA MAIN

Sur les consoles, deux plantes assez hautes, Palmiers ou autres, sont placées à chaque extrémité, dans un cache-pot; au milieu, on peut mettre quelques plantes basses fleuries ou à feuillage, et, au centre, une gerbe de fleurs coupées. Sur la cheminée, il y a généralement deux petits vases qu'on orne avec des fleurs. Si l'on a affaire à quelque mignonne vannerie, on la garnit de petites plantes parmi lesquelles on pique des fleurs. On place généralement, sur le piano, un vase ou une corbeille qu'on garnit de plantes à fleurs ou à feuillage, ou bien de fleurs coupées, ou encore des deux simultanément. Sur une colonne ou sur un support en bambou, on pose une jolie corbeille de grandes plantes ou un Palmier, en dissimulant le pot par une draperie d'étoffe ou par un cache-pot. Sur les divers meubles : guéridons, tables, on dispose des corbeilles ou de belles plantes en pots.

Quand il y a lieu de le faire, on met un fort Palmier, tel qu'un *Latania*, dans une encoignure, ce qui imprime au milieu un caractère exotique. Mais il peut arriver qu'on ait à sa disposition de très grands vases et des petites plantes pour les décorer. Qu'ils soient posés sur le parquet ou sur un support, ils peuvent être avantageusement garnis de quelques grandes branches d'arbustes en arrière et de plus petites en avant pour en cacher les bords. Dans l'ensemble, on pique des fleurs de saison, à longues tiges, ou bien on monte des fleurs de camelias à l'extrémité des rameaux en les renouvelant journellement. On peut de même employer les porte-fleurs en bambou avec lesquels on forme de ravissantes gerbes ou de jolies colonnes de fleurs coupées et qui, suivant leur forme et leur hauteur, sont placés au milieu ou dans un angle du salon ou bien sur un guéridon.

Enfin, les différentes gerbes, montées soit sur pied, soit pour être mises dans un vase, trouvent aussi leur place si on ne dispose pas de porte-fleurs.

Les fenêtres peuvent être ornées de jardinières à une ou à deux faces, composées de plantes à fleurs et à feuillage.

Les garnitures de salle à manger se bornent le plus souvent au « surtout » accompagné, suivant le cas, des deux « bouts de table. »

L'ornementation d'un boudoir ne varie pas sensiblement avec celle du salon. Dans les deux cas, on doit n'employer les fleurs odorantes que dans des proportions {qui varient avec la grandeur des locaux, ou avec les goûts personnels.

Les garnitures de vestibules se font avec des plantes

Fig. 65. — GERBE DE FLEURS A LA MAIN

vertes et rustiques groupées ou isolées, posées par terre ou dans des jardinières et dont la disposition varie avec l'intérieur de la pièce. Généralement on place un groupe de plantes au pied de l'escalier.

Toutes ces garnitures étant permanentes, il faut les passer en revue journellement. Les paniers et corbeilles sont munis intérieurement d'un récipient en zinc pouvant s'enterrer sans rien déranger et qui permet d'arroser les plantes.

Chaque semaine, ces plantes sont mises dehors, quand la température le permet et lavées à grande eau, puis

Fig. 66. — FER A CHEVAL ORNÉ DE FLEURS

essuyées avec l'éponge. On profite de ce travail pour changer la mousse qui entoure les mottes des plantes qu'on est obligé de dépoter afin de pouvoir les mettre dans les récipients qui leur sont affectés.

Les feuilles mortes et les fleurs passées sont enlevées et les bouts désséchés des feuilles sont coupés jusqu'à la partie verte.

Les récipients en zinc contenant les plantes sont vidés et nettoyés par la même occasion. A cet effet, il est bon d'ajouter que les pots ne peuvent pas être placés directement dans le fond du récipient, mais, au contraire, sur de petits tasseaux.

Les fleurs coupées sont remplacées entièrement ou partiellement au fur et à mesure qu'elles se fanent; on profite de ce travail pour renouveler l'eau, car cette condition est essentielle pour la bonne conservation des fleurs.

Des bassinages journaliers au vaporisateur sont excellents pour les plantes comme pour les fleurs coupées ; ils atténuent l'aridité de l'atmosphère intérieure des pièces.

CHAPITRE XX

DES CORBEILLES ET BOUQUETS EN MAISON BOURGEOISE

Bouquets et gerbes. — Bouquets et gerbes sur pied. — Corbeilles de table. — Bouquets et gerbes d'Orchidées. — Gerbes plates. — Couronnes.

Comme je l'ai déjà dit, les éléments que les fleuristes ont à leur disposition manquent en partie dans les maisons bourgeoises et les garnitures florales n'y sont plus les mêmes. Je ne dis pas que les compositions faites par la maîtresse de maison ou par le jardinier ne soient pas jolies ; au contraire, quelques-unes sont même des chefs-d'œuvre de goût, mais la manière d'opérer diffère assez pour qu'il soit nécessaire d'en parler spécialement.

Les bouquets de fête se faisant généralement comme ceux des fleuristes des rues, à Paris, nous n'y reviendrons pas. On fait aussi très souvent ce qu'on nomme « le bouquet à la main (fig. 64 et 65) », principalement pour orner un grand vase, ou pour offrir à un visiteur. Je dirai de suite que je ne suis pas partisan du « bouquet à la main » comme garniture de vase, en ce sens qu'il est trop lourd, à moins toutefois qu'il soit gracieusement composé. Dans ce cas, on le confectionne dans le genre des bouquets mon-

Fig. 67. — GERBE DE LILAS

tés, comme le font les fleuristes des rues à Paris, mais sans aucun montage. Je suis d'avis qu'ainsi offert à un visiteur il aura l'avantage de pouvoir se conserver frais plus longtemps que s'il était monté.

Les gerbes et les bouquets sont ronds s'ils doivent être vus de tous côtés, et d'une seule face s'ils ne doivent être vus que d'un seul. Le montage se fait sur une baguette de bois suffisamment forte pour pouvoir supporter le poids des fleurs. A l'une des extrémités on fait un tampon de mousse mouillée assez gros, ficelé et serré le plus possible, de manière qu'il soit très dur, car c'est sur lui que l'on fixe les fleurs. Pour dissimuler le bout de bois, on l'entoure soit de verdure, soit de jonc.

Les fleurs sont montées sur un fort fil de fer qu'on double pour celles qui sont volumineuses, ce qui les empêche de tourner. Les fils de fer sont plus ou moins longs selon la place où doit être placée la fleur. Ce sont généralement les fleurs-volumineuses qui sont montées court, car elles sont destinées à former fond. Chacune d'elles étant fixée sur sa tige, on entoure la base du pédoncule d'un petit tampon de mousse, dans le but d'en maintenir la fraîcheur. Les branches de verdure sont montées de la même manière, quand il y a lieu de le faire.

Le tout préparé, on commence le bouquet en lui donnant une forme à l'aide de fleurs volumineuses et de verdure, qu'on pique sur le tampon précité. Si l'on dispose de quelques grands *Dracæna congesta*, on en coupe la tête, ce qui fait très bien comme fond. On met ensuite des fleurs d'un autre facies, comme celles en épi des Glaïeuls, *Montbretia*, Pieds d'alouette, etc., etc., en panicule légère des *Statice* et des Gypsophiles qui allègent le bouquet; au milieu d'elles, on dissémine quelques fleurs de forme ronde, comme des roses et des œillets, pour varier les formes en laissant s'échapper çà et là quelques brins légers de verdure. Cela fait et les variations de couleurs obtenues, on entoure le bouquet de feuillages, on le bassine légèrement et on le porte au salon.

Fig. 68. — GERBE DE FLEURS VARIÉES

La manière de confectionner les bouquets et les gerbes sur pied ne diffère pas sensiblement de ce qui précède et le montage est le même. Il est avantageux comme bouquet de salon pour une soirée, en ce sens qu'il n'est pas besoin de le poser dans un vase et il forme une jolie pyramide de fleurs. Pour le faire, on fixe solidement un fort piquet dans le fond d'un vase en bourrant celui-ci avec de la mousse, ou on le cloue dans le fond d'un panier à Orchidées qu'on emplit à moitié de terre pour lui donner du poids.

A l'extrémité du piquet, coupé à longueur voulue, on fixe un tampon de mousse, et, au besoin, un autre plus bas, surtout si on veut que la gerbe soit élancée. Les fleurs sont ensuite piquées sur ces tampons en suivant les indications consignées plus haut. On en fixe aussi inversement sur le tampon, c'est-à-dire avec la fleur en bas, de manière à cacher le montage le plus bas possible. Le panier ou le vase, préalablement recouverts de mousse, sont garnis de petites Fougères, parmi lesquelles on pique des fleurs.

Les récipients qui contiennent les fleurs pour les corbeilles de table, sont de formes variables; nous ne nous y arrêterons pas. Un simple plateau en zinc, ou une corbeille en rotin suffisent amplement. Le plus souvent, c'est dans le récipient de la corbeille qu'on fait la garniture.

La corbeille qu'on a à sa disposition est remplie de bottelettes de mousse qu'on serre fortement pour former un fond résistant ou bien de terre argileuse qu'on recouvre de mousse.

Le montage des fleurs se fait sur fil de fer ou sur petites baguettes en bois avec tampon de mousse. On garnit ensuite la corbeille de verdure en lui donnant une forme bombée, puis on pique les fleurs en commençant par le milieu et en variant les oppositions de formes et de coloris. Ces fleurs ne doivent pas être trop serrées, car elles formeraient un tout compact et disgracieux. Leur hauteur doit diminuer par gradation en allant sur le bord de la corbeille, sans uniformité, et, de place en place, une

Fig. 69. — COURONNE DE FLEURS VARIÉES

fleur à moitié épanouie, un brin de feuillage ou un bouton, doivent s'élancer du tout pour rompre les lignes par trop accusées.

Quand on a des fleurs à tige raide, il est préférable de ne pas les monter.

13

Si l'on compose une corbeille élevée sur pied, on laisse retomber autour du plateau quelques légers rameaux d'une plante sarmenteuse; le *Panicum variegatum* convient spécialement à cet usage. On peut remplacer avantageusement les rameaux de verdure par de petites plantes à feuillage léger parmi lesquelles on pique des fleurs qu'on remplace dès qu'elles sont fanées.

On peut, dans le même sens, utiliser la corbeille à tubes, dans lesquels il suffit de placer les tiges de fleurs qui trempent dans l'eau et de recouvrir de mousse.

Il est une manière de faire les corbeilles que nous ne devons pas passer sous silence. Elle consiste à avoir deux plateaux tous deux plantés de petits végétaux à feuillage léger. Pendant qu'un de ces plateaux sert à la garniture de table, l'autre reste dans la serre et remplacera le premier quand les plantes seront fatiguées, et réciproquement. Il va sans dire qu'on pique des fleurs dedans si on le juge nécessaire. Cette méthode est aussi applicable aux autres corbeilles ou jardinières qui participent aux décorations florales des appartements.

Dans les maisons où on cultive des Orchidées, les fleurs de ces plantes entrent fréquemment dans les compositions florales et principalement dans la confection des bouquets et des gerbes. Leur montage ne diffère pas de celui des autres fleurs.

Quand le bouquet est volumineux, on fait un fond d'autres fleurs choisies sur lesquelles les Orchidées se détachent.

On commence par placer les fleurs volumineuses : *Vanda, Cattleya, Dendrobium,* puis d'autres plus petites : *Cypripedium, Masdevallia,* etc., et, en dernier lieu, celles qui paraissent plus légères et surtout celles qui sont en grappe : *Odontoglossum* et *Oncidium*. L'emploi simultané des spathes d'*Anthurium* et des fleurs d'Orchidées est à préconiser.

La garniture d'un vase est plus ou moins compliquée selon sa grandeur. A moins que ce soit une gerbe très

Fig. 70. — ÉCRAN FLEURI

légère, on ne doit pas faire le bouquet d'avance et le lier, car il est préférable de disposer les fleurs une à une dans le vase. A cet effet le porte-fleur qu'on met à l'intérieur du vase et dans les trous duquel on passe les tiges des fleurs, est d'une grande utilité. On donne au bouquet une forme ronde ou élancée selon les préférences; il n'y a pas, du reste, de règles fixes et c'est au tact exquis et au bon goût des dames qu'il faut s'en rapporter. Le principal est de ne pas serrer les fleurs et de faire le bouquet en rapport avec la place qu'il doit occuper sur le meuble.

La garniture des porte-fleurs en bambou et de ceux en verre est tout aussi simple à faire. Il suffit de placer quelques fleurs accompagnées d'un peu de verdure dans chaque tube, la conformation du faisceau imprime leur forme aux jolies gerbes et aux gracieuses colonnes fleuries qu'on admire aux vitrines des fleuristes parisiens.

Pour les gerbes plates, le montage des fleurs ne diffère pas, mais la disposition du bouquet n'est plus la même. Voici comment on opère : on prend un bâton d'une faible longueur, au milieu duquel et d'un seul côté, on fait un tampon de mousse ; si la gerbe doit être plutôt ovale que ronde, on fait deux ou trois tampons. Sous ce bâton on pose à plat une ou plusieurs grandes feuilles de palmier qui forment le fond du bouquet, puis on pique des rameaux de verdure sur les tampons en donnant immédiatement la conformation de la gerbe. Le feuillage peut être formé par quelques plantes entières que l'on a coupées : *Dracæna, Pandanus* et autres d'un facies semblable. On groupe ensuite les fleurs selon les principes déjà indiqués. Celles du tour ne doivent pas s'avancer de trop pour laisser voir discrètement les feuilles de Palmier du fond. Une fois terminée, cette gerbe, ronde ou ovale, rappelle assez une corbeille dont elle peut remplir le rôle. Le plus souvent, elle est destinée à un convoi funèbre et on peut l'attacher au char ou la poser à plat, comme on le ferait d'un coussin, sans qu'il y ait à craindre que les fleurs se froissent,

Le jardinier de maison bourgeoise a bien souvent des couronnes à composer. Il procède à peu près comme les fleuristes, ou bien encore il les fait sur fond de Buis ou de Lierre, au lieu de bourrage, mais le principe est toujours le même et il suffit pour cela de se reporter au chapitre spécial. Nous ajouterons que les fleurs nécessaires pour toutes ces garnitures doivent être coupées le matin et le soir, pas trop avancées, et mises dans l'eau aussitôt. En opérant ainsi, les tiges se gorgent d'eau, et celles qu'on doit monter se fanent bien moins vite.

Il me resterait aussi à mentionner les garnitures faites sur glaise, mais comme, en dehors du surtout de table, confectionné avec des fleurs à longues tiges sur un moule de terre préparé à cet effet et ressemblant assez aux corbeilles précitées, peu de chose est de bon goût, cela me dispense d'en parler.

CHAPITRE XXI

LES GARNITURES FLORALES PERPÉTUELLES

Bouquets de fête. — Bouquets et gerbes. — Corbeilles et vanneries. — Ornementation des grands vases. — Croix et couronnes.

Il est une saison où, pour certaines personnes, les fleurs naturelles fraîches sont une chose rare. Cette période, c'est l'hiver.

Il n'y a cependant pas absence complète de fleurs, puisque nous avons vu, qu'à n'importe quel moment, elles abondaient à Paris. Quelques-unes, peu frileuses, s'épanouissent cependant malgré l'inclémence de la température, et la neige bien souvent cache la bien connue Rose de Noël.

Mais ces fleurs fraîches d'hiver, gardent, pour la plupart, leur valeur intrinsèque et sont surtout l'apanage des bourses suffisamment garnies. Les personnes qui ne peuvent s'en procurer doivent-elles donc cesser d'orner leurs appartements, dès que la pleine terre ne donne plus les

fleurs qu'on se plaît à cueillir pendant la belle saison ?
Non, car il est des fleurs dont on ne doit pas ignorer l'existence : ce sont celles qui semblent perpétuellement fleuries, qui se conservent indéfiniment et sont pour nous un
souvenir des splendeurs de nos parterres d'été.

Fig. 71. — BOUQUET DE FLEURS SÈCHES

Grâce à leur emploi, depuis longtemps généralisé, les
fleurs séchées font l'objet d'un véritable commerce, et les
plantes qui les produisent, sont, dans certains centres,
cultivées sur une grande échelle.

Les garnitures dont elles sont la base sont, par le fait,

économiques, « et les humbles qui bornent leurs aspirations aux jouissances à bon marché » les ont adoptées. Les riches, de leur côté, ne dédaignent pas non plus d'en orner leurs salons.

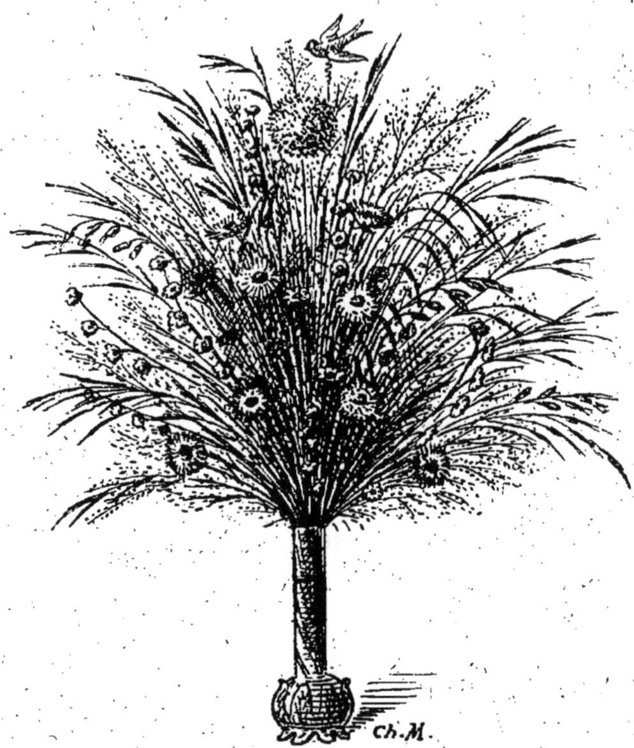

Fig. 72. — BOUQUET EN FLEURS SÈCHES

Bien des personnes se sont élevées contre l'emploi des fleurs sèches, les accusant de manquer de grâce. D'autres ont une grande aversion pour les fleurs et les Graminées teintes. On les a même disqualifiées en disant qu'elles étaient de mauvais goût. Je ne suis pas de cet avis, car elles sont la base de bien jolies compositions.

Un salon n'est pas un jardin, et, quand tous les éléments qui concourent à son ornementation sont déjà artificiels, pourquoi donc se tenir dans une restriction aussi

Fig. 73. — CORBEILLE EN FLEURS SÈCHES

absolue ? On peut agir selon ses convenances personnelles, quand on ne dépasse pas les limites fixées par le bon goût !

Il nous reste à examiner les fleurs et les feuillages qui composent ces garnitures.

GRAMINÉES, CYPÉRACÉES ET TYPHACÉES. — *Agrostis nebulosa*; *Asprelle hérissée*; *Avoine stérile*; *Brachypodium japonicum*; *Briza*; *Brome*; *Canche*; *Carex elegans*; *Eulalia japonica; Eragrostis cylindriflora; Erianthus Ravennæ; Festuca rigida; Cynosurus echinatus; Gynerium; Gymnothrix latifolia; Hordeum jubatum; Lagurus ovatus; Lamarckia aurea; Mélique; Panicum; Pennisetum longistylum; Stipa pennata; Typha, Uniola latifolia.*

FLEURS. — *Acroclinium; Ammobium alatum; Asclepias syriaca;* Anémone pulsatille; *Antennaria margaritacea;* Bleuet; Célosie: Clématite des haies; Chardon: Cupidone bleue; *Gomphrena;* Edelweis; Echinops; *Eryngium;* Immortelle annuelle, Immortelle à bractée; Immortelle d'Orient; Immortelle du Cap; Jonc fleuri; *Martynia;* Rhodanthe; Nigelle; Lunaire; Statice; Gypsophile paniculé, *Waitzia* [1].

FEUILLAGE. — Aucuba; Buis; Alaterne; Chêne vert; Gui; Mahonia; Houx; Buisson ardent; Fragon épineux; feuilles et palmes de *Phœnix, Chamædorea, Areca, Thrinax, Cycas,* etc; Mousse.

L'hiver, dans les campagnes, on n'a pas à sa disposition les fleurs fraîches qui abondent à Paris. Dès le mois de novembre, pourtant, de nombreuses fêtes, de la Sainte-Catherine jusqu'à la Saint-Nicolas, réclament des fleurs.

Il est facile de confectionner de jolis bouquets avec les fleurs citées plus haut, bouquets auxquels on donne le plus souvent une forme ronde ou conique (fig. 71).

Le montage des fleurs avec tiges, se fait par une ou plusieurs, suivant leur grosseur, sur jonc simple qu'on plie en

(1) J'ai publié dans le *Petit Jardin,* pages 458, 473, 486, 497; année 1895, une série d'articles sur les « Garnitures florales perpétuelles », dans lesquels mes lecteurs trouveront des renseignements plus complets sur la récolte, la dessication et la préparation de ces fleurs, renseignements qui ne seraient pas ici à leur place.

deux. Les immortelles du Cap sont fixées à l'aide de quelques-uns des pétales inférieurs ; les immortelles à bractées qui n'ont pas de pédoncule, sont montées sur un jonc à l'aide d'une épingle ou d'une pointe à crochet qu'on enfonce dans l'ovaire.

Fig. 74. — BROUETTE GARNIE DE FLEURS SÈCHES

La plupart des Graminées, sauf les aigrettes de Stipa qui sont très employées, ne sont pas montées. Ces dernières et les fragments de panicule de Statice, sont montés sur des joncs simples coupés par bouts de vingt centimètres environ.

Les fleurs qui doivent constituer le fond du bouquet,

sont, dans certains cas, entourées de mousse dans le but de maintenir l'écartement entre elles et de former un fond vert. Ce travail n'est pas nécessaire lorsqu'on monte cette mousse par petits paquets, un peu plus larges qu'une fleur, sur double jonc.

Pour confectionner le bouquet, on choisit une fleur bien faite qu'on fixe à l'extrémité d'une mince baguette droite, on l'entoure directement de mousse ou de trois petits paquets montés sur jonc. Il faut placer cette première fleur bien droit, car si elle penche d'un côté, il en sera de même du bouquet. Sur cette mousse placée plus bas que la fleur on dispose le premier rang formé généralement de cinq fleurs. Cela fait, on en place un second rang, puis un troisième, comme pour les bouquets des rues, dont il est question dans un chapitre précédent. Chaque fleur doit se détacher parfaitement du fond de mousse. Entre chacune d'elles, il est bon, pour donner un peu de légèreté au bouquet, de disposer quelques Graminées ou d'autres fleurs en panicule.

Pour cacher le montage du bouquet, on l'entoure de papier blanc ou d'un cornet de papier-dentelle.

Bien souvent, on n'emploie pas de mousse, mais on établit le fond en Statice ou en Gypsophile. Dans ce cas, il faut monter les fleurs sur de la verdure, sans quoi il n'y aurait pas assez de contrastes de teintes.

La tige du bouquet doit aussi être entourée de tampons de papier pour maintenir l'écartement des fleurs.

Ces bouquets (fig. 72) et gerbes pour garniture d'appartement se font différemment de ceux pour fêtes et présents. L'emploi des Graminées est plus général.

On monte les fleurs, et quelquefois aussi certaines herbes,

sur fil de fer. Quand ces fils de fer sont apparents, on les entoure de papier serpentine vert préalablement découpé en bandes étroites.

Fig. 75. — GARNITURE D'UNE GLACE

En confectionnant le bouquet, on n'observe aucun ordre apparent. Fleurs et herbes sont maintenues dans un écartement suffisant par des tampons de papier qui font le tour de la tige du bouquet. De l'ensemble doit s'élancer çà et là une jolie fleur ou quelque légère Graminée.

Une gerbe bien faite est généralement plus élégante que le bouquet rond ou conique. On l'emploie aussi parfois comme bouquet de fête. Pour les garnitures d'appartement, la gerbe est très jolie, mais il faut éviter de la placer devant une glace qui réfléchirait la face que l'on doit cacher. On la confectionne comme le bouquet et sur une seule face; les mêmes fleurs entrent dans sa composition.

On garnit généralement les grands vases, avec des fleurs et des Graminées de grandes dimensions que l'on pique ou que l'on enfonce directement à l'intérieur.

On peut aussi faire un bouquet ou une gerbe dont la grosseur soit en rapport avec la grandeur du récipient. On emploie surtout pour sa confection, de même que pour orner les vases précités, des épis de *Gynerium*, des feuilles de Palmier, des branches d'*Uva*, des spadices de Massette, etc.

On ne doit pas, autant que possible, adopter une disposition par trop régulière; et on doit faire en sorte de placer en arrière les herbes les plus hautes et en avant les plus petites. Du milieu, doivent s'élancer quelques fleurs légères ou curieuses. Quelques piquets de *Stipa* et des inflorescences d'*Asclepias* font également très bien.

On doit grouper le tout avec goût et il faut que rien ne soit par trop serré, sans quoi on obtiendrait une botte d'herbes qui ne serait pas gracieuse.

Le montage des fleurs pour les corbeilles et vanneries se fait sur fil de fer — en ajoutant un peu de verdure, pour les surtouts de table. Pour cela, on réunit les fleurs par plusieurs ensemble en petits piquets. Les ligatures sont faites avec du laiton ou du coton vert.

Après cela, on garnit le plateau ou le récipient de mousse dans laquelle on fixe les piquets précités comme on le ferait avec des fleurs fraîches. A défaut de verdure sèche, on coupe des rameaux de Fusain et de Chêne vert qu'on pique pour former fond et repoussoir et qu'on renouvelle quand ils sont fanés. On peut ainsi placer dans la corbeille

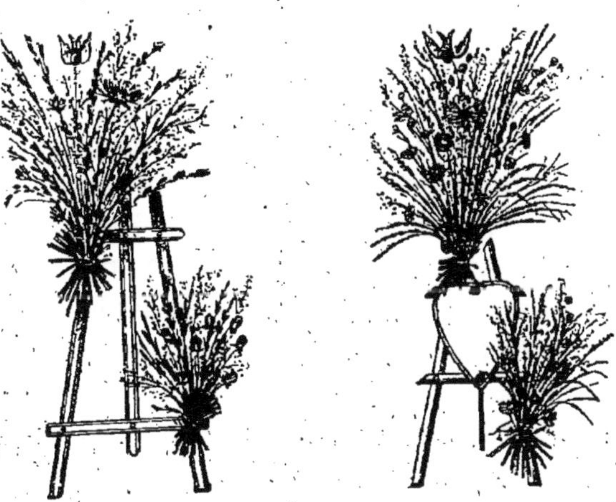

Fig. 76 et 77. — GARNITURE DE CHÉVALETS

des plantes vertes en pots parmi lesquelles on dispose des fleurs sèches.

Pour la garniture des vanneries (fig. 73 et 74), le montage est le même et on dissimule les fils de fer avec du papier serpentine vert.

La vannerie étant garnie de mousse, on arrange les fleurs comme on le ferait pour une corbeille de fleurs naturelles en imprimant à l'ensemble une forme un peu en dôme, mais sans aucune symétrie apparente.

S'il y a une anse, on fait, sur le côté ou au-dessus, un

piquet de Graminées. Pour cela, après avoir monté les fleurs sur un fil de fer, on les réunit en une petite gerbe très légère qu'on ligature avec du laiton vert, puis, pour en dissimuler la base, on fait un faisceau très court de chaumes teints en vert sur le milieu duquel on attache un piquet. On peut également faire une jetée en opérant de la même manière; mais je dois dire que celle-ci se distingue du piquet, en ce sens qu'elle forme davantage la guirlande, qu'elle est plus mince et plus allongée et suit l'inflexion de l'anse. Dans les piquets, gerbes et jetées, on emploie beaucoup de boules d'Asclépias; et avec raison, car elles y produisent bon effet.

Bien souvent, dans ces garnitures, on place des insectes ou des petits oiseaux; ils n'y sont pas déplacés, mais il y a avantage à ne pas les multiplier à l'excès et même à ne les employer qu'avec la plus grande parcimonie.

On peut aussi orner dans ce sens beaucoup de petits objets (fig. 75, 76 et 77) avec un piquet ordinaire ou un piquet gerbe de Graminées formant fusée.

On aura, ainsi, en hiver, pour décorer les appartements, de jolis bouquets et des corbeilles qu'il suffira de ranger l'été dès qu'on fera l'ornementation avec des fleurs fraîches.

L'hiver suivant et les années suivantes, on s'en servira de nouveau, si on en a pris soin.

Les couronnes et croix en immortelles d'Orient sont confectionnées dans le centre de production de ces fleurs à Bandol, à Ollioules et dans quelques autres localités du département du Var. Les fleurs ne sont pas montées, elles sont rassemblées les unes près des autres, à la même hauteur et ligaturées sur les deux faces du bourrage avec du fil de chanvre. A Paris, on emploie parfois ces fleurs avec les autres immortelles, ainsi que nous le verrons plus loin.

Les couronnes d'immortelles du Cap et d'immortelles à bractées se font sensiblement de la même manière ; on fixe les fleurs d'un seul côté ou sur les deux faces. Il est nécessaire de monter ces immortelles, car elles n'ont pas de

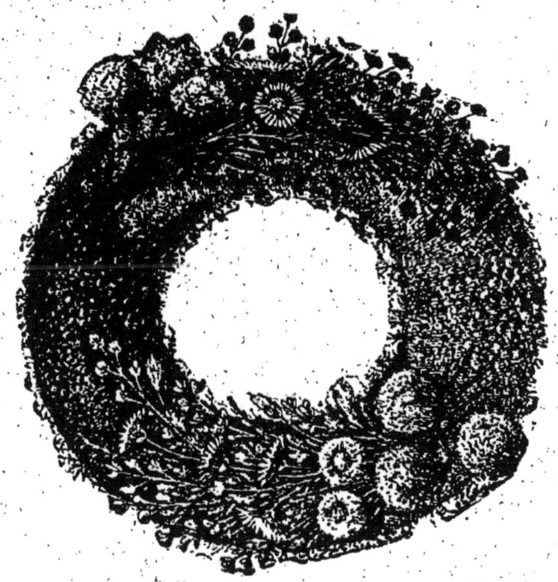

Fig. 78. — COURONNE EN IMMORTELLES DU CAP

pédoncules ; ceux-ci, quand ils persistent, ne sont, d'ailleurs, aucunement solides ; ce travail se fait à l'aide de pointes à crochet ou d'épingles à bouts acérés pour les immortelles à bractées et des dernières seules pour les immortelles du Cap, en les enfonçant au milieu du capitule. Le montage se fait, soit avant, soit pendant le confectionnement de la couronne. Les personnes qui font

14

les couronnes d'immortelles, à Paris, posent chaque fleur sur le bourrage et la fixent de suite avec une épingle.

Pour les couronnes qu'on garnit sur toutes les faces, on place les fleurs les unes près des autres, sans ordre apparent, ou en spirale, sur une largeur de deux ou trois fleurs par spire, selon la grandeur de la couronne; il en est ainsi particulièrement pour les couronnes d'immortelles à bractées de deux couleurs blanc et bleu ou blanc et violet. Celles qui sont composées de fleurs du Cap sont généralement garnies de fleurs d'une seule couleur, et disposées en spirale quand on emploie deux coloris différents.

Dans bien des cas, on décore les couronnes d'une ou de deux jetées de fleurs (fig. 78) ayant la forme d'une gerbe allongée, composées de Graminées, statice, de quelques immortelles montées sur de longs fils de fer dissimulés par du papier vert, et surtout de quelques boules d'*Asclepias* qui font toujours bon effet. Ces fleurs sont fixées ensemble avec du laiton vert et, à la principale attache du bas, on place un court faisceau de tiges d'herbes teintes en vert. Ainsi composées, ces couronnes sont très élégantes et très goûtées.

Les couronnes qui ne sont garnies que d'un seul côté sont moussées du côté opposé. On fait ensuite les deux rangs, extérieur et intérieur, avec des fleurs légères en panicule ou avec des Graminées et quelques branches d'arbustes, puis on fixe les fleurs de la couronne par rangs circulaires ou par groupes d'un même coloris; de place en place, on laisse échapper quelques panicules de Graminées ou de fleurs légères qui rendent l'ensemble moins lourd. Toutes ces fleurs sont directement appliquées sur le bourrage, mais il est préférable de les monter sur

des pointes plus longues pour les en détacher complètement. La couronne paraît ainsi plus volumineuse et est
plus jolie.

On peut aussi former un piquet-gerbe supérieur; en
montant les immortelles sur de longs fils de fer. On commence par piquer des Graminées, des statices et quelques
boules d'*Asclepias* qui sont du plus bel effet.

Fig. 79. — ÉCRAN ORNÉ DE FLEURS SÈCHES

A Paris, on fait également, pour la Toussaint, des couronnes de Lierre, dont les fruits sont mis en évidence, et
de Buis, dans lesquelles on pique des fleurs d'immortelles
du Cap, d'immortelles à bractées ou de petits faisceaux
d'immortelles d'Orient.

Ces croix sont composées d'après les mêmes principes,
avec un piquet-gerbe ou une jetée de fleurs au croisement
des bras.

CHAPITRE XXII

PLANTES POUR GARNITURE D'APPARTEMENT

Les deux listes ci-dessous comprennent, non seulement les plantes employées par les fleuristes pour leurs décorations temporaires, mais aussi celles qui peuvent convenir pour l'ornementation permanente des appartements.

Quand nous ne citons pas le nom spécifique ou de variété, c'est que plusieurs espèces ou variétés conviennent au même usage ; si nous les avions citées toutes nous aurions forcément trop allongé l'énumération.

PLANTES A FLEURS. — *Achimenes* ; *Æchmea* ; *Acroclinium roseum* ; *Agapanthus* ; *Agrostis* ; *Amarantus* ; *Anthemis* ; *Arum* ; *Anthurium* ; Azalée ; *Bouvardia* ; Brize ; Calcéolaire ; *Camellia* ; *Cattleya* ; Campanule pyramidale ; *Canna* ; Chrysanthème ; Clématite ; *Crassula* ; *Crocus* ; Cyclamen de Perse ; *Cypripedium* ; *Dendrobium* ; *Deutzia gracilis* ; *Epacris* ; *Epiphyllum* ; Eupatoire ; *Erica* ; *Fuchsia* ; *Gloxinia* ; Glaïeul ; Giroflée ; Grenadier ; Hellébore ; Héliotrope ; *Hedychium Gardnerianum* ; *Hibiscus* ; *Hydrangea Hortensia* ; *H. paniculata grandiflora* ; Jacinthe ; *Hoteia japonica* ; *Libonia floribunda* ; Lilas ; Lis *Lycaste* ; *Skinneri* ; Muguet de mai ; *Mimulus* ; *Myopo-*

rum parviflorum; Myrte commun ; Laurier-rose ; Narcisse ; *Nidularium ; Odontoglossum ; Oncidium ;* Pelargonium à grande fleur ; Pétunia ; Pervenche de Madagascar ; Pétunia ; *Poinsettia pulcherrima,* (bractées rouges) ; Tubéreuse ; Primevère de Chine ; Phlox ; Reine-Marguerite ; *Richardia ; Rodanthe Manglesi ; Rochea ;* Rosier ; Cinéraire hybride ; Réséda ; *Solanum pseudo capsicum* (fruits) ; Spirée ; Trachélie bleue ; Tulipe ; Verveine ; Laurier Tin ; Violette ; *Vriesia ;* Zinnia ; Laurier-rose.

PLANTES A FEUILLAGE. — *Adiantum Farleyense, A. tenerum, A. cuneattum,* etc. ; *Anthericum ; Aralia ; Araucaria excelsa ; Areca; Aspidistra ; Aspidium ; Asplenium ; Begonia Rex ; Blechnum ; Caladium ; Chamædorea; Chamærops; Cocos ; Coleus;* Croton ; *Curculigo ; Cycas ; Dracæna ; Evonymus,* (Fusain) ; *Ficus ; Fittonia argyroneura, F. Pearci ; Geonoma ; Isolepis gracilis ; Kentia ; Latania borbonica ; Livistonia ; Maranta ;* Myrte ; *Ophiopogon ; Pandanus ; Panicum capillare, P. variegatum ; Peperomia ; Phœnix ; Phormium ; Polypodium ; Pteris argyrea; P. cretica, P. serrulata, P. tremula,* etc., *Selaginella Emiliana, S. amœna,* etc. ; *Tradescantia ; Thrinax ;* Bambou ; *Reineckea ; Rhapis australis; Alpinia nutans.*

CHAPITRE XXIII

FLEURS ET FEUILLAGES

Ce chapitre comprend les listes de la plupart des fleurs qui arrivent sur le carreau des halles de Paris ou qu'on porte directement chez les fleuristes. A celles-là, j'en ai ajouté d'autres méritantes qui pourraient être utilisées. Ces fleurs sont groupées par catégories et le groupe ayant trait aux fleurs cultivées sous verre comprend en même temps celles qui, quoique étant de plein air, sont traitées ainsi pour en avancer ou en retarder la floraison. On pourra être surpris de trouver un nom de fleur cité à une époque qui n'est pas celle de sa floraison normale, mais c'est que le commencement ou la fin de cette floraison coïncide avec une partie de cette époque. On eût eu des données peut-être plus exactes si les diverses catégories de plantes eussent été classées par listes mensuelles, mais cela eût entraîné bien des répétitions.

JANVIER A MARS

FLEURS CHAMPÊTRES. — Anémone Sylvie, Pâquerette,

Perce-neige, Ficaire, Renoncule, Hellébore vert, Narcisse faux-Narcisse, Scille à deux feuilles.

FLEURS DE PLEIN AIR. — Ail blanc, Anémone éclatante et A. hépatique, Doronique du Caucase, Perce-neige, Hellébore Rose de Noël, Giroflée jaune et brune, Jacinthe, Narcisse à bouquet et N. faux-narcisse, Pensée, Violette, etc.

FLEURS SOUS VERRE. — *Anthurium Scherzerianum, Bouvardia, Stephanotis Eucharis,* Boule de neige, Cyclamen, *Camellia,* Héliotrope, *Gardenia,* Giroflée quarantaine, Lilas blanc et L. mauve, Œillet, Oranger, Roses : Souvenir de la Malmaison, Mistress Bosanquet, La Reine, Jules Margottin, Paul Neyron, Gloire de Dijon, Maréchal Niel, Madame Bérard, Niphétos, Baronne de Rothschild, Captain Christy, Général Jacquéminot, La France, Quatre-saisons, Madame Falcot, Ulrich Brunner, Bengale Hermosa et cramoisi supérieur ; Muguet de mai, Jacinthe romaine, Narcisses variés Réséda, Violettes de Parme et autres, Myosotis, Glaïeul de Gand et Glaïeul de Colville, Fréésia, Ixia, *Iris xiphium et I. xiphioïdes,* Azalée, Rhododendron, Tulipe perroquet et autres, *Lilium Harrisii* et *L. Lancifolium, Odontoglossum Alexandræ, O. Pescatorei, Cattleya Trianæ, Lycaste Skinneri, Masdevallia, Phalænopsis Schilleriana et P. amabilis.*

FLEURS DU MIDI. — *Anthemis Étoile d'or* et A. blanche, Ail blanc et A. doré, Anémone, Giroflée quarantaine, Jacinthe romaine et J. de Hollande, Laurier tin, Ixia, Mimosa, Renoncule, Bleuet, Narcisse Jonquille, N. des poètes, N. tout blanc, etc., Ornithogale, Œillet, Glaïeul de Colville, Roses : Safrano, Lamarque, Comte d'Eu, Maréchal Niel, Souvenir de la Malmaison, Homère, Papa Gontier, Comtesse de Leusse, Paul Nabonnand, Gloire de Dijon ; Tubéreuse,

Fréésia, Thlaspi, Violettes de Parme, et autres, Ericas variés, Tulipes des fleuristes et autres, Réséda, Iris.

AVRIL A JUIN

FLEURS DES CHAMPS ET DES BOIS. — Aspérule odorante, Céraiste des champs, Coquelicot, Bleuet, Digitale pourpre, Epilobe à épi, Ericas variés, Nielle des blés, Iris faux Acore, Iris faux Iris, Gesse sauvage, Lysimaque vulgaire, Salicaire, Chèvrefeuille des bois, Grande Marguerite, Muguet de mai, Muscari, Myosotis des marais, Mélilot blanc, Ornithogale en ombelle, Sceau de Salomon, Roses sauvages, Renoncule bouton d'or, Saponaire officinale, Spirée filipendule, et S. reine des près, Stellaire graminée, Scabieuse des champs, Adonide d'été, Œillet sauvage, Nénuphar jaune et blanc.

FLEURS DE PLEIN AIR. — Iris réticulé, I. germanique, I. des jardins, I. xiphion, I. xiphoïde, Lilas, Pivoine, Seringat, Boule de neige, Weigelia, Spirée, Deutzia, Giroflées variées, Lis blanc, Pavots vivaces et annuels, Œillet flon, O. des poètes, O. des fleuristes et autres, *Ptelea*, *Trollius*, Gypsophile, Lavatère, Phlox, Lupin varié, Chrysanthème des lacs, Ch. à carène, Thlaspi, Arabette, Tritoma, Echinops, Coréopsis, Canche, Erigeron, Gaillarde, Statice, Pivoines, Tulipes, Zinnia, Réséda, Ixia, Pensée, Véronique vivace, Pied d'alouette, Reine-Marguerite reine des Halles, Glaïeul, Roses : Pompon de Bourgogne, Mousseuse, Madame Bérard, Captain Christy, La Reine, Paul Neyron, Gloire de Dijon, Souvenir de la Malmaison, Aimée Vibert, Bengale cramoisi supérieur, etc.; Stevia, Violette, Pensée, Myosotis, etc.

FLEURS SOUS VERRE. — Roses, *Anthurium*, *Scherzerianum*, *Bouvardia*, *Gardenia*, *Camellia*, *Eucharis*, Tubéreuse double ;

Odontoglossum Alexandræ, O. Pescatorei, Oncidium incurvum, Cymbidium eburneum, Cattleya Mossiæ, Pholænopsis amabilis, Masdevallia, Oncidium Marshallianum.

FLEURS DU MIDI. — Glaïeul de Gand, Glaïeul de Colville, Ornithogale d'Arabie et O. pyramidale, Tubéreuse, Iris variés, OEillet des fleuristes, Graminées diverses, Réséda, Roses.

JUILLET A SEPTEMBRE

FLEURS DES CHAMPS ET DES BOIS. — Adonide d'été, Aster œil de Christ, Achillée, Jonc fleuri, Bleuet, Centaurée Scabieuse, Clématite des bois, Chrysanthème des moissons, Epilobe à épi, Ericas variés, Nielle des blés, Gesse sauvage, Lysimaque vulgaire, Salicaire, Chèvrefeuille sauvage, Grande Marguerite, Myosotis des marais, Mélilot blanc, OEnothère bisannuelle, Coquelicot, Renoncule, Scabieuse des champs, Nénuphar.

FLEURS DE PLEIN AIR. — Roses, Céanothe, Spirée, Mauve en arbre, Jacinthe du Cap, Achillée, Aconit, Anthémis, Aster multiflore et autres, Boltonia, Bleuet, Coréopsis, Dahlia, Pyrèthre rose double, Echinops, Gaura de Lindheimer, Giroflée, Glaïeul de Colville, G. de Gand, Gypsophile paniculée et G. élégante, Héliotrope, Soleils vivaces et annuels, Lobélia éclatant, Thlaspi, Matricaire, Muflier, Pavot, Phlox, Réséda, Immortelle annuelle, *Statice, Stevia,* OEillet Marguerite et OE. Flon, *Trollius,* Verge d'or, Véronique, Reine-Marguerite, Chrysanthème des lacs, Oranger, *Bouvardia,* Lis à feuilles lancéolées, Chrysanthème tardif et carène, Gaillarde, Reine-Marguerite, Yucca, etc.

SOUS VERRE. — *Stephanotis, Bouvardia,* Tubéreuse double, Lilas blanc, *Cyclamen, Gardenia, Anthurium, Cattleya Gas-*

kelliana, Odontoglossum grande, Cattleya labiata, Dendrobium, Phalænopsis, Masdevallia Veitchi, Oncidium Rogersii.

OCTOBRE A DÉCEMBRE

FLEURS DE PLEIN AIR. — Canna, Coréopsis, Céanothe, Gaura, Gypsophile élégante, Chrysanthème des lacs, Ch. tardif, Chrysanthème du Japon et de l'Inde, Aster multiflore, Dahlia, Glaïeul de Gand, Œillet des fleuristes, Œillet Flon, Lupin, Pied d'alouette, Pyrèthre rose double, Reine-Marguerite, Soleil lœtiflore et S. multiflore, Thlaspi, Violette, Pensée, Réséda, Sauge éclatante, Rose de Noël.

SOUS VERRE. — *Astilbe,* Lilas blanc, Cyclamen de Perse, *Gardenia,* Oranger, *Anthurium, Stephanotis, Bouvardia,* Roses, Chrysanthème du Japon et de l'Inde, Julienne double, Muguet de mai, Boule-de-neige, *Xanthoceras sorbifolia,* Jacinthe de Paris, Jacinthe romaine, Narcisses, Lis des Bermudes, Lis à feuilles lancéolées, Violettes, Œillets des fleuristes, Hellébore rose de Noël, Giroflée Quarantaine parisienne, *Stevia,* Héliotrope, *Camellia,* Myosotis, *Cattleya labiata, Cælogyne cristata, Odontoglossum grande, O. Alexandræ, Cypripedium insigne* et variétés, *Dendrobium, Phalænopsis.*

FLEURS DU MIDI. — Ces fleurs sont les mêmes que celles que nous avons citées pour les mois de janvier, février et mars.

FEUILLAGES

DE PLEIN AIR. — Lierre, Houx, *Ruscus aculeatus* et *R. racemosus, Mahonia aquifolium,* Laurier du Portugal, If, feuilles de Violette, Buis, Pervenche, Négundo, Gui, Tamarix, *Polystichum Filix-mas*, *Pteris aquilina*, *Athyrium Filix-fœmina*, *Asplenium Adiantum nigrum* (nommé petite Fougère de Nice), *Adiantum capillus Veneris* (de Nice), *Polypodium vulgare*, Mousse (*Hypnum triquetrum*).

DE SERRE. — *Adiantum cuneatum*, *A. tenerum*, *A. Farleyense*, *A. æthiopicum*, *A. reginœ*, *Selaginella amœna*, *S. Emeliana*, *Pteris tremula*, *P. Ouvrardi*, *P. umbrosa*, *P. serrulata*, *Asparagus plumosus*, *A. tenuissimus*, *A. Sprengeri*, *Myrsiphyllum asparagoides*, *Galax aphylla*, *Cissus discolor*.

Palmes de *Phœnix*, *Cycas*, *Cocos*; feuilles de *Latania*, de *Chamærops*, de *Chamædorea*, etc.

En maison bourgeoise, il n'est pas nécessaire de borner son choix aux fleurs et aux feuillages cités. Tout ce qui, étant employé sur place, n'a pas à voyager, ni à subir de manipulations qui détérioreraient les fleurs les plus fragiles, quoique d'un intérêt médiocre pour le fleuriste, entrera avantageusement dans la confection des garnitures florales.

Toutes les fleurs citées dans ces listes ne sont pas vendues par les fleuristes et les bouquetières; on n'admet, pour la vente, que celles qui ont fait leurs preuves. C'est pourquoi il est facile de constater le petit nombre d'espèces ou de variétés de fleurs couramment cultivées à cet effet. Pour les roses, par exemple, le nombre des variétés qui existent aux Halles est très restreint, eu égard à celles collectionées dans les jardins; il en est de même des Lis, Violettes, Glaïeuls, Chrysanthèmes, et beaucoup d'autres. Ceci tient un peu au degré de floribondité des espèces cultivées, à leur facilité à supporter l'emballage et à voyager sans s'abîmer, à la rigidité des tiges et des pédoncules, et aussi à leur plus ou moins longue conservation.

Les fleuristes à la mode n'utilisent pas toutes les fleurs qui arrivent sur le marché de Paris. Telle fleur qui sera employée chez eux, l'hiver, en dehors de sa saison, sera rigoureusement bannie lorsque, au moment de sa floraison en plein air, les arrivages seront nombreux et que les bouquetières ambulantes les offriront à bas prix. Il leur faut, avant tout, des fleurs de choix peu communes, afin de satisfaire leur riche clientèle. Il est vrai que les fleurs forcées ont plus de cachet, les couleurs sont plus tendres et semblent plus délicates; et puis... tout le monde ne peut pas y mettre le prix, qui n'est abordable que pour la haute *fashion*.

Voilà également pourquoi ils dédaignent la majorité des fleurs du midi. Celles qu'ils utilisent, telles que les Mimosas, sont l'objet d'une minutieuse sélection. Même les roses de cette provenance ne trouvent pas toujours grâce devant cette abstention; ainsi cette populaire rose *Safrano*, qu'on voit partout dès octobre, n'apparaît jamais à leur vitrine et si quelques variétés: *Paul Nabonnand, Comte d'Eu, Maréchal Niel, Papa Gontier, Marie Van Houtte*, sont cotées, c'est parce qu'elles gardent leur valeur intrinsèque et ressemblent, à s'y tromper, à la majorité des roses forcées qui, elles, sont les favorites avec le lilas blanc, la boule de neige, le muguet, le lis des Bermudes et les Orchidées.

On peut voir, pendant les mois de janvier et février, les *Iris Xiphion* et *I. xiphioïdes* aux formes bizarres et au coloris fauve côtoyant les Orchidées dans de somptueuses compositions, tandis qu'on en fera fi pour le même usage quand ils s'épanouiront normalement. C'est la même raison qui leur fait préférer le Lilas qui a fleuri sous verre,

à celui qui, à la même époque, s'épanouit en plein air;
ils paieront le premier à cette saison avancée jusqu'à six
francs la botte, tandis que le second leur serait fourni
pour quelques sous. La rose *Paul Neyron*, pour ne citer que
celle-là, qui aura vu le jour sous un toit vitré aura les
honneurs, tandis que sa voisine, n'ayant eu que le ciel
bleu pour protecteur, sera mise de côté; mais ces roses
de choix sont toujours chères et il n'est pas rare, à certaines saisons, de payer cette variété jusqu'à huit et dix
francs la douzaine. Le Muguet, qui fait fureur l'hiver et
qu'on admire aux montres des fleuristes, perd son prestige
et disparaît de celles-ci quand celui des bois épanouit ses
clochettes. Ces exemples sont nombreux.

Ce n'est cependant pas une règle absolue; les fleurs de
second choix, du midi ou de plein air, trouvent parfois
porte ouverte dans ces palais de Flore, mais ce n'est que
pour être utilisées dans les compositions, où le nombre
des fleurs employées nécessite moins de recherche; par
exemple, pour former le fond des couronnes et d'autres
objets de ce genre. Mais, modestes fleurs populaires, vous
n'aurez jamais droit de cité dans ces montres élégantes
que régit un luxe raffiné!

Que n'êtes-vous donc venues au monde avec un nom
sonore et une renommée déjà établie? Ce n'est pourtant
pas votre faute; mais, consolez-vous: si le riche passant
ne vous achète pas, vous avez au moins les faveurs des
filles de Jenny et la protection des gens peu fortunés! Le
jeune homme vous offrira à sa fiancée; pour elle vous
aurez plus de valeur que les fastueuses Orchidées; vous
ferez partie des réjouissances des humbles, le jour de
leur fête! — Vous serez par eux plus franchement aimées.

N'en est-il pas ainsi des fleurs et de notre destinée ? Elles doivent subir l'influence de la mode. — « Comme les hommes d'un certain talent, restent souvent dans l'ombre, sans pouvoir atteindre la cime lumineuse », les fleurs modestes ne peuvent percer certain cercle qui les entoure : le talent des premiers reste ignoré et la beauté de ces fleurs passe inaperçue, à côté d'autres qui ne les égalent parfois pas. Il n'y a rien à faire à cela ; on ne peut que le constater ; c'est le destin bien personnifié par cette admirable pensée : « de même la foule qui a toujours les yeux élevés sur ce qui s'élève, n'abaisse jamais son regard jusqu'au monde souterrain où luttent les obscurs travailleurs ; leur existence est inconnue, et ils s'en vont de la vie, ensevelis dans un linceul d'indifférence. »

Mais les fleurs ont encore sur nous l'avantage de n'être point imbues d'une personnalité outrancière, ne subissant que les fluctuations de la mode, et leur beauté ne rejaillissant que sur elles. Elles passent dans ce monde, quelquefois admirées, et vont jusqu'à la mort ignorant les dédains !

CHAPITRE XXIV

LES FLEURS A L'ÉTRANGER

Au Japon. — En Amérique. — En Russie. — En Allemagne. — En Autriche. — En Belgique. — En Angleterre. — En Espagne. — En Italie. — En Suisse. — En Perse [1].

Après avoir examiné le travail des fleurs à Paris, il peut être intéressant de jeter un rapide coup d'œil sur l'emploi des fleurs chez quelques puissances étrangères.

Si nous passons au Japon, nous voyons que le goût des fleurs est très développé. Leur groupement dans les vases et les potiches est fort en honneur et fait partie de l'éducation des jeunes filles de la haute société. Aussi y a-t-il

---

1. La plupart des documents qui m'ont servi à rédiger ce chapitre m'ont été communiqués directement. Ceux qui concernent la Russie, l'Angleterre et le Portugal, sont extraits, en partie, des rapports de MM. Ch. Sente, Ch. Demeuse, Guilbert Lamarque et Jules Gachelin, boursiers du département de la Seine. Quant aux autres non inédits, j'en ai indiqué l'origine.

des professeurs de « Rikka [1] » comme en France il y a des professeurs de chant et de piano.

Le Japon est plus avancé que nous sur ce point, car ces professeurs ont déjà écrit sur cet art des traités illustrés de nombreuses gravures.

Pour grouper les fleurs, les Japonaises passent les tiges, dont elles brûlent l'extrémité, dans des trous pratiqués dans des rondelles de bois s'adaptant sur les vases, pour les maintenir dans la position voulue. Ces tiges trempent dans l'eau claire ou sont parfois piquées dans du sel remplaçant l'eau.

Le délicat romancier Pierre Loti, dans un de ses beaux livres, consacre une admirable description à la reine des fleurs orientales : Le Chrysanthème.

« Après avoir reçu une invitation ornée d'un chrysanthème héraldique d'or, le brillant écrivain se rend au palais impérial en traversant Yeddo.

« Et des chrysanthèmes et des chrysanthèmes partout ! Des boutiques ont déployé aux vents leurs oriflammes multicolores, leurs dragons rouges, leurs chimères bleues. Et toujours des chrysanthèmes : des chrysanthèmes en guirlandes blanches devant les maisons; des chrysanthèmes entre tous les petits doigts et dans tous les chignons des mousmées rieuses...

« Il traverse l'exposition des fleurs, en s'extasiant devant les superbes chrysanthèmes, chaque pied n'a qu'une tige et chaque tige n'a qu'une fleur : mais quelle fleur ! plus grande que nos grands tournesols, et toujours d'une nuance si belle, d'une forme si rare.

---

1. Ce qui veut dire : « l'art de faire tenir les fleurs debout ».

« Sur les côtés du parterre, dans de hauts kiosques légers et toujours à l'abri de mêmes longues soies violettes étoilées de rosaces blanches, il y a d'autres expositions de fleurs, — d'autres *fantaisies sur les chrysanthèmes* pourrait-on dire plutôt, exécutées par des procédés dif-

Fig. 80. — GARNITURE D'UN VASE AU JAPON

férents et avec des secrets plus extraordinaires. Ici ce sont des espèces de bouquets montés, comme ceux que l'on met dans nos vases d'église, mais d'énormes bouquets gros comme des arbres : les pieds, au lieu de n'avoir qu'une tige, en ont bien une centaine, disposées avec la plus parfaite symétrie autour d'un tronc central ; et, au bout de chaque branche, il y a une fleur largement ouverte, jamais passée, jamais en bouton, toujours au même point d'épanouissement éphémère : le même jour, évidemment, tout cela qui a coûté tant de peine, doit se faner et finir. »

N'est-ce pas admirable, cette description du chrysanthème, qui est la fleur emblématique du Japon par excellence, et ne nous en dit-elle pas davantage que de longues dissertations ?

En Amérique, certaines garnitures florales ne le cèdent en rien à ce qui est fait à Paris, comme disposition et comme valeur. On cite tel milliardaire américain ne reculant pas devant une dépense de plusieurs dizaines de mille francs pour décorer sa table et sa salle à manger le jour d'un grand dîner.

M. Vanderbilt, à un bal qu'il donna à New-York en 1884, fit faire une garniture d'une cinquantaine de mille roses forcées. Le vaisseau ayant apporté la statue de la Liberté, fut représenté aux fêtes de la réception par un petit navire tout en fleurs ; roses, boutons de roses, pieds d'alouette. La même année, les fleurs firent leur entrée au Sénat à Washington, sous formes de gerbes, de couronnes et on en recouvrit les tables de travail des sénateurs. C'est bien américain cela ! Quoi qu'il en soit, la richesse des décorations florales est poussée dans ce pays à un degré exceptionnel d'intensité et, chose très louable, les feuilles horticoles reproduisent souvent des photographies de compositions de ce genre.

Les Américaines excellent dans l'art de grouper les fleurs et composent elles-mêmes leurs bouquets de corsage.

Au moment du nouvel an, les boutiques des fleuristes de 1re classe sont étincelantes de bijoux floraux. Là, comme à Paris, on donne des fleurs en présent à l'occasion de Noël et du Jour de l'An. Les corbeilles et les autres compositions sont d'un luxe raffiné ; leur contenu est formé de fleurs d'une grande valeur. Les prix de ces créations sont bien supérieurs à ceux des fleuristes parisiens.

Mais si les fleurs sont inhérentes aux somptuosités des fêtes et des dîners, on en consomme aussi des quantités considérables pour les morts, car en Amérique, le culte des morts est aussi vivace qu'en France. En voici un bon exemple que je donne d'après le *Journal des Débats*. Un fleuriste parisien fut chargé par un richissime Américain, M. Mackay, de recouvrir de fleurs le cercueil de son fils déposé dans le caveau de Saint-Augustin : jusqu'au moment de son transfert à San Francisco, pendant deux mois, le fleuriste renouvela les fleurs, quoique ce cercueil fût caché à la vue. Cette fantaisie, bien naturelle du reste, fit monter la facture du fleuriste à 35,000 fr. par mois ! Pareille citation se passe de commentaires.

En Russie, le goût des fleurs n'est pas aussi répandu qu'en France, ce qui provient surtout un peu de la difficulté de se procurer des fleurs à bon compte, en hiver. La plupart des fleurs coupées viennent de Paris et du midi. Malgré cela, à Moscou, à Saint-Pétersbourg, de nombreux horticulteurs font des fleurs et ont presque tous plusieurs magasins de fleuristes. La vente des fleurs est surtout abondante d'octobre à février, au moment des réceptions et des bals. Elle est nulle pendant le carême où le Russe s'abstient de toute distraction ; mais, avec les fêtes de Pâques, recommence la vente qui cesse ou à peu près pendant la période estivale. A Cronstadt, Oranienbaum, Gatchina et autres villes de même importance, sont installés de modestes établissements où l'on vend des bouquets et des couronnes en fleurs naturelles.

Les garnitures florales à la cour impériale de Russie

sont particulièrement remarquables et sont l'objet de recherches raffinées et poussées au summum de l'élégance
et de la richesse. Aux dîners d'apparat de la cour, non seulement la salle à manger est transformée en un véritable
jardin, mais, en même temps que change le service, on varie
la décoration en changeant les fleurs. Ces décorations
florales sont disposées d'une façon tellement ingénieuse,
qu'on les renouvelle sans apporter le moindre trouble
dans le service.

C'est ainsi que les violettes précèdent les muguets, qui
sont eux-mêmes remplacés par des lilas et des jacinthes;
des lignes de roses se croisent en diagonale et cèdent la
place à un moment donné à des bleuets. Au dessert, les
roses réapparaissent, mais elles sont d'une nuance différente des premières; ce sont souvent des roses « La
France » que l'Impératrice aime particulièrement.

L'Allemagne et l'Autriche, où le commerce des fleurs
est très important, sont à signaler. Mais si certaines de
leurs compositions sont jolies, d'autres sont peu gracieuses et d'un goût discutable.

En Allemagne particulièrement, on fait des compositions
très lourdes ; les couronnes, formées pour la plupart de
feuilles plaquées les unes sur les autres (fig. 81 et 82),
sont parfois assez grossières. Mais, il faut reconnaître que,
si certaines compositions, telles que celles où des oiseaux
sont fixés sur les anses comme sur des perchoirs, s'éloi-
gnent un peu du bon goût artistique, par contre, d'autres
motifs floraux se recommandent par l'extrême recherche
et par une conception parfaite. Certains bouquets, où le
muguet est souvent l'élément dominant, confectionnés à la
base de longues frondes de Cycas et liées d'un gros nœud de

ruban, dont les coques retombent gracieusement, sont des plus élégants ; ces bouquets sont généralement destinés aux cérémonies funéraires. D'une conception originale, ils sont comme la signature des grands fleuristes allemands, qui semblent vouloir dédaigner, par ce fait, les sujets mes-

Fig. 84. — COURONNE EN FEUILLAGE (Style allemand)

quins et de mauvais goût qu'enfantent les fleuristes de peu de talent.

Les gerbes et frontons des croix, couronnes et coussins mortuaires sont également agrémentées de ces frondes de Cycas qu'on a piquées à l'intérieur ou jetées à travers les couronnes. Des cultures de Cycas sont faites spécialement pour l'approvisionnement des feuilles coupées.

Nos fleuristes parisiens emploient aussi en grande quantité, maintenant, ces frondes de Cycas et celles de certains Palmiers, dans leurs riches créations.

Passons maintenant en Belgique où l'amour des fleurs est très accentué : Bruxelles, Liège et Namur principalement possèdent de jolies boutiques de fleuristes qui, l'hiver, s'approvisionnent en partie, pour les fleurs du midi et pour les fleurs forcées, sur le marché français.

On attache, m'a-t-on dit, une importance capitale aux bouquets de fiancées, de mariées et de demoiselles d'honneur dans lesquels les Orchidées entrent pour une très large part. Certains fleuristes parisiens, et des plus grands, ne renieraient pas la plupart des créations des fleuristes bruxellois.

Bruxelles célèbre depuis quelques années, dans le courant de mai, sa fête des fleurs. Elle a lieu dans l'avenue Louise qui conduit au bois de la Cambre (le bois de Boulogne brabançon). Un cortège de voitures, bicyclettes et piétons fleuris sillonnent cette avenue qui est également ornée par des plantes et des gerbes multicolores émergeant des fenêtres et des balcons. Les voitures sont transformées en vastes corbeilles et les fleuristes profitent de cette occasion pour se faire une réclame, en décorant de fleurs des voitures et des bicyclettes qui portent leur nom. Cette fête a reçu le nom de Longchamp fleuri.

Mais c'est en Angleterre qu'il faut aller pour voir l'importance du commerce des fleurs. Le marché de *Covent-Garden* est, à certaines époques, surtout à Noël, ravissant à la vue. Ce marché, qui n'égale pas, comme importance, les Halles de Paris, présente un spectacle distinct en été et en hiver. L'hiver, ce sont principalement les fleurs coupées qui sont vendues, tandis que l'été elles ne sont que le complément du commerce des plantes en pots.

Fig. 82. — COURONNE EN FEUILLAGE (Style allemand)

La boutonnière et le bouquet de corsage sont inhérents au costume anglais. Les hommes de toutes classes, du sportsman au dandy, de l'ouvrier à l'homme d'État, et les femmes arborent le « *button hole* » à la boutonnière aux moindres fêtes et même tous les jours. L'œillet de Kent y est en honneur. La primevère de lord Beaconsfield est demeurée aussi légendaire qu'en France la rose de M. Charles Lafitte.

En Espagne, au Portugal et en Italie, l'emploi des fleurs coupées est moins fréquent. Une fleuriste parisienne s'est établie à Lisbonne et s'approvisionne en France. Elle a été pour beaucoup la cause de l'emploi des fleurs qui, depuis ce temps, s'est étendu dans ce pays, mais il y a encore beaucoup à faire de ce côté. Comme à Madrid et dans quelques autres grandes villes espagnoles, des marchands vendent des fleurs près des églises et des théâtres. A Lisbonne, à Porto et en Espagne surtout, des fleuristes en boutiques sont établis à proximité de ces édifices. A Barcelone, un marché aux fleurs est tenu en permanence sur une des plus belles voies.

En Italie la vente des fleurs se fait comme à Nice, et les enfants offrent des mimosas, des violettes et d'autres fleurs qu'ils portent dans des corbeilles. Dans les principales villes d'Italie, des fleuristes en boutiques sont aussi établies.

Fulbert Dumonteil, ce délicat conteur, nous apprend que dans ce pays, de gracieuses bouquetières, jolies à croquer, mais obséquieuses, se livrent avec les flâneurs à de véritables batailles de fleurs. Que l'on soit dans un magasin, ou dans un café, une grêle de petits bouquets vous assaille. On ne sait pas d'où viennent ces projectiles, mais bientôt apparaissent, dans les embrasures des portes, de petites mines éveillées. On jette de nouvelles fleurs à ces petites têtes brunes qui ripostent par une grêle de violettes et de roses. Décidément l'Italie est bien

..... Le pays où fleurit l'oranger,
  Le pays des fruits d'or et des roses vermeilles,

de *Mignon*.

Les fleurs viennent aussi en aide aux amoureux, car, dans certaines contrées, le prétendant communique l'aveu de son cœur, par des fleurs et des feuilles de roses qu'il dépose sur le seuil de l'habitation de celle pour qui il croit être né. Si elle ne fait pas attention à ce muet hommage et si elle le repousse, elle refuse celui qui le lui rendait ; mais, s'il est l'aimé, elle prend soin de ces fleurs, qui sont comme les douces prémices des fiançailles.

En Suisse, les fleurs montagnardes sont aimées. Les jeunes fiancées suisses et jurassiennes se parent, au chapeau, d'une fleur d'Edelweiss, que l'aimé est allé cueillir au sommet glacé de la montagne. « Dans certaines parties du canton de Glaris, il n'est même pas admis qu'un couple s'unisse sans que le fiancé ait offert l'Edelweiss, traditionnel. » Dans certains pays, on considère comme un sacrilège d'arracher cette plante. « Elle a le don de parler d'espérance, et est l'emblème de la pureté, de la candeur, de la modestie, de ce qu'il y a de plus élevé et de plus noble. » Les explorateurs et les botanistes aiment à se parer d'une fleur d'Édelweiss. On a aussi le culte des morts en Suisse, et on pare soigneusement les tombes, de fleurs.

En Orient, les fleurs sont disposées en bouquets, de telle façon qu'ils formulent un langage muet. Les femmes des harems composent elles-mêmes ces bouquets qui parfois en disent long. On orne les tombeaux de fleurs jaunes et on recouvre le cercueil de roses.

Les roses sont les fleurs que l'on préfère et Joret nous

apprend que, dans quelques contrées, les jeunes gens et les jeunes filles parcourent les rues certains jours, des corbeilles de fleurs et de roses à la main et les jettent aux passants. La personne qui reçoit une fleur — ce qui est un indice de bonheur — doit un présent à celui qui l'a atteint.

Les Perses fêtent l'équinoxe par une bataille de fleurs ; ils sont parés de guirlandes et, en se rendant des visites, se lancent des projectiles fleuris.

FIN

SAINT-DENIS. — IMPRIMERIE H. BOUILLANT, 20, RUE DE PARIS. — 1897.

LES JOURNAUX

Le JARDIN et le PETIT JARDIN ILLUSTRÉ[1]

PUBLIENT RÉGULIÈREMENT

entre autres nombreux articles d'horticulture générale, une chronique florale parisienne de M. Albert Maumené, ayant trait à l'utilisation des fleurs de la saison dans les compositions florales, aux innovations des fleuristes parisiens, aux arrivages des fleurs sur le carreau des Halles, aux marchés aux fleurs urbains; en un mot, à tout ce qui se rattache à l'art du fleuriste.

---

[1] Voir pages IX et X.

RENSEIGNEMENTS COMMERCIAUX

PLANTES DE SERRES

Orchidées, Plantes nouvelles et rares. — Collections à prix réduits. Catalogues illustrés, trimestriels, sur demande. — **J. SALLIER**, 9, rue Delaizement, NEUILLY-SUR-SEINE, près le Vélodrome Buffalo (ancienne maison **THIBAUT** et **KETELEER**).

Cyclamens et Plantes de marché. — Culture spéciale. Plantes de toutes forces et de tous prix. Prix d'honneur, médailles or, vermeil, argent. — **JOBERT** (**Maxime**), horticulteur, 21, Chemin des Princes, à CHATENAY (Seine).

Plantes de serres, Azalées, Orchidées, Broméliacées. Récompenses aux expositions. Grand établissement d'horticulture. — **DUVAL** et **FILS**, VERSAILLES.

PÉPINIÈRES

Spécialité d'arbres fruitiers formés et non formés, arbres et arbustes d'ornement, Rosiers, etc. Grand Prix à l'Exposition universelle 1889. — **Désiré BRUNEAU**, successeur de BRUNEAU et JOST, ancienne maison DURAND, BOURG-LA-REINE (Seine). — Envoi du Catalogue général sur demande.

ROSIERS

Choix immense de **Rosiers nains et tiges** en 2,300 variétés authentiques à des prix très modiques. — A titre d'essai et de comparaison, **un assortiment de 25 variétés** naines, d'élite, et de toutes couleurs; *franco* de tous frais, à 11 fr. 25.

Catalogue le plus complet et classé par ordre de coloris; gratis.

KETTEN Frères, rosiéristes, LUXEMBOURG

GRAINES

Graines potagères, Graines de fleurs, Bulbes et Oignons à fleurs, Plantes vivaces, Arbres et Arbustes, Dahlias, Chrysanthèmes, etc., **E. FORGEOT et Cⁱᵉ, CAYEUX et LE CLERC,** successeurs, 8, quai de la Mégisserie, PARIS.

SERRES. — CHAUFFAGES

Constructions métalliques. — Serrurerie d'art et horticole. *Serres en tous genres.* Jardins d'hiver. Châssis, Vérandas, Grilles, Rampes, Charpentes économiques, Marquises. — Médailles d'or. Diplôme d'honneur. — **A. MICHELIN,** ✠, 115, rue Bagnolet. Ingénieur des A. et M., ancien élève de l'École des Beaux-Arts. Fournisseur de la Ville de Paris. CONSTRUCTEUR DES SERRES DE LA MUETTE. — *Téléphone.*

Installation de production et transport de chaleur pour chauffage des Habitations, Jardins d'hiver, Serres, etc., à action directe ou indirecte, air, eau, vapeur. **L. GRENTHE,** *usine du Vexin,* PARIS, 83, rue d'Hauteville. — Usine à PONTOISE.

Constructions horticoles, Serrurerie d'art, Serres en tous genres, Vitrerie en verre cathédrale, Maison **MOUTIER,** à SAINT-GERMAIN-EN-LAYE (S.-et-O.). Envoi *franco* du Catalogue sur demande.

Serres et Châssis en fer et bois, Serres à double vitrage, Bâches, Coffres fixes et démontables, Chauffages, Claies et toiles à ombrer, **Eugène COCHU,** ✿, 19, rue Pinel (ancienne rue d'Aubervilliers), à SAINT-DENIS (Seine).

Serres et Chauffages. — Maison **MATHIAN,** 25, rue Damesme, PARIS. — Voir détail page 1.

ENGRAIS

Le secret de la perfection dans la forme et le coloris des fleurs consiste à nourrir les plantes qui les produisent, non pas tant avec ce qui nous plaît qu'avec ce qui leur plaît, non pas à l'heure de notre choix, mais au fur et à mesure de leurs désirs. Voulez-vous profiter, en quelques heures, des vingt-cinq années d'expériences vécues par un amateur d'horticulture qu'intriguaient les caprices d'estomac de ses plantes favorites ? Envoyez à **Anatole CORDONNIER**, BAILLEUL (Nord), *60 centimes* en timbres-poste, vous recevrez franco les *Engrais Pratiques*, intéressante brochure illustrée, arrivée en dix mois à sa 5ᵉ édition.

MATÉRIEL HORTICOLE

Pulvérisateurs Besnard. Traitements de la Vigne, Pomme de terre, arbres et toutes espèces de plantes de serre et de pleine terre. — 125 premiers prix 1890-1895.

F. BESNARD père, Fils et Gendres, 28, rue Geoffroy-Lasnier, PARIS. — Envoi *franco* du Catalogue.

Paillassons et Claies pour couverture des Serres, Châssis, Jardins d'hiver, etc.

Constructions rustiques en tous genres. Lames en sapin rouge pour le palissage des arbres. Treillages décoratifs.

PLANÇON, 29, rue de l'Aigle, LA GARENNE-COLOMBES, près Paris. — *Usines Sainte-Hélène.*

SERVICES TECHNIQUES DU « JARDIN »

GRAVURE

Planches en couleurs d'après la Photographie
(PROCÉDÉ NOUVEAU)

DESSINS DE FLEURS, PLANTES ET VUES

Reproduction par la Gravure, la Photogravure, etc.

VENTE DE CLICHÉS

Pour Catalogues et Publications horticoles.